出版声明

由于时代关系，本书收录的书信，有些词语、计量单位、标点符号等与现在的用法不尽一致。为了保留书信的原汁原味，本书对上述地方一般不做改动。特此声明。

致孩子
中外名人家书

曾国藩：莫问收获，但问耕耘

[清] 曾国藩 / 原著
莫幼群 / 主编
董玉洪 / 编著

时代出版传媒股份有限公司
安徽少年儿童出版社

图书在版编目（CIP）数据

曾国藩：莫问收获，但问耕耘 /（清）曾国藩原著；莫幼群主编；董玉洪编著. —合肥：安徽少年儿童出版社，2020.10（2024.1重印）
（致孩子·中外名人家书）
ISBN 978-7-5707-0766-9

Ⅰ.①曾… Ⅱ.①曾… ②莫… ③董… Ⅲ.①曾国藩（1811-1872）-书信集 Ⅳ.①K827=52

中国版本图书馆CIP数据核字（2020）第079431号

ZHI HAIZI ZHONGWAI MINGREN JIASHU ZENG GUOFAN MO WEN SHOUHUO DAN WEN GENGYUN

致孩子·中外名人家书·曾国藩：莫问收获，但问耕耘

［清］曾国藩/原著
莫幼群/主编
董玉洪/编著

出 版 人：李玲玲　　策划统筹：何正国　黄　馨　　责任编辑：黄　馨
责任校对：徐庆华　　责任印制：郭　玲　　装帧设计：乐读文化
绘　　图：尤里插画
出版发行：安徽少年儿童出版社　E-mail:ahse1984@163.com
新浪官方微博：http://weibo.com/ahsecbs
（安徽省合肥市翡翠路1118号出版传媒广场　　邮政编码：230071）
出版部电话：（0551）63533536（办公室）　63533533（传真）
（如发现印装质量问题，影响阅读，请与本社出版部联系调换）
印　　制：阳谷毕升印务有限公司
开　　本：710 mm × 1000 mm　1/16　　印张：9.5　　插页：4　　字数：132千字
版　　次：2020年10月第1版　　2024年1月第6次印刷

ISBN　978-7-5707-0766-9　　定价：39.80元

总序

历史深处的面容与背影

文 / 莫幼群

翻开这套书中的五部家书，五位父亲的面容与背影，从历史深处浮现出来。他们谆谆教子的话语在我们耳畔回响，他们汩汩而出的爱意撞击着我们的心灵……在我们这样一个如此重视家风建设的新时代，这些遥远而可敬的父亲笔下饱含深情的教育金言，仍然有着重要的启示意义。

这是五位不同时代的父亲，也是五位不同风格的父亲。

从职业和身份上看，有贵族型父亲——启蒙运动时期英国的切斯特菲尔德伯爵，曾任爱尔兰总督、国务大臣；有官员型父亲——清朝末期动荡岁月里的二品大员曾国藩，官至两江总督、直隶总督；有富翁型父亲——19世纪与20世纪之交的美国石油大王洛克菲勒，是一位鼎鼎有名的富豪；有社会活动家型父亲——近代维新派领袖梁启超，他同时也是著名的思想家和文学家；有学者型父亲——中国现代杰出的翻译家傅雷，尤以译介法国19世纪文学作品见长……

从个性和气质上看，这五位父亲也迥然不同。切斯特菲尔德伯爵属于世故型，精明强干，深谙为人处世之道；曾国藩属于朴拙型，自认天资不高但极具耐心和韧劲；洛克菲勒属于张扬型，以意气风发的姿态走完辉煌的一生；梁启超属于青春型，在人生的各个阶段都充满无穷的活力并时刻感染着他人；傅雷属于内敛型，生性极为敏感而又相当执拗……

但不论身份和气质有多大不同，他们所呈现给孩子的面容与背影，都有着高度的相似之处。

“严父慈母”是以前的社会给予父母的角色定位，中外皆然。即便不是出于本意，过去的父亲也必须扮演起严父的角色。从五部家书中可以看出，五位父亲都怀有“望子成龙”之心，对自己的孩子高标准、严要求，有的甚至到了苛刻的程度，正所谓“咬紧儿子不放松，只缘一颗严父心”。当然，在严厉、严肃、严谨的外表之下，他们的心是无限慈爱的。这种爱是无私的——他们无比希望孩子作为“另一个自己”，能将他们未走完的路走得更远。

虽然五部家书里有千言万语，是千叮咛万嘱咐，但我以为，起作用更大的还是五位父亲的身教，或者说，是融合了言传和身教的整体教育氛围。说到身教，就不能不提那含义丰富的“背影”。尤其对于五六岁以后的孩子来说，家长的背影比正脸更重要。因为这时候的孩子对自己身体的管理能力已经比较强，不太会出现特别危险的情形，他们已经急切地要去当一个观察者和模仿者了。家长的背影被他们默默地看在眼里，家长的背影什么样，将来他们就可能成为什么样的人。这五位父亲作为事业成功者，对于自己的工作都是全身心投入的，视劳作和创造为最大的人生快乐；他们严于律己、坚持不懈、追求卓越、追求完美——那劳碌的背影、那执着的身姿，深深地感染着孩子，成为孩子漫漫人生路上持久的动力。

于是，从切斯特菲尔德、曾国藩、洛克菲勒到梁启超、傅雷，严厉中带着慈爱的面容和辛劳中带着睿智的背影，就构成了历史上五位著名父亲的共同特征。他们在家书中留下的谆谆教诲，也为后世人提供了精神食粮和为人处世的准则……

这套书预设的读者，除小学中高年级学生和初中生外，还包括他们的家长。甚至可以说，家长是本套书编者更为看重的大读者。读完这五部家书，我相信，我们每位大读者自己的父亲的形象，也会逐渐清晰起来。我们会对照这五位父亲，思考自己父亲当年在家庭教育上的得与失；更重要的是，超越那些得与失，理解他们的良苦用心，理解他们的不容易……然后，在家族生存繁衍的这个“现在进行时”的时间点，想一想自己该怎样做好父亲、做好母亲……

如果越来越多的人在家庭教育上，既有良好的借鉴，又能够经常自省，那么，我们整个社会的家风建设或许将进入一个崭新的境界。

前言

莫问收获，但问耕耘

一

立德、立功、立言被称为“三不朽”，是中华优秀传统文化所崇尚的人生目标，我们可以理解为人生的三个最高成就。“立德”是树立高尚的道德，是立功、立言的前提和基础；“立功”是严谨做事，为国为民建立伟大的功绩；“立言”是提出真知灼见，是立德、立功的延续。这三者简单地说，就是做人、做事、做学问。

人生在世不足百年，立德、立功、立言，能做到其一，就很了不起了，如能三者尽立，那就是流芳百世的圣人。

在中国历史上，被公认做到上述“三不朽”的，只有两个半人，他们也被称为中国的“两个半圣人”，即孔子、王阳明和曾国藩，曾国藩只算半个。

孔子是中国古代著名的思想家、教育家，儒家学派创始人，被尊称为“至圣”“万世师表”，无须赘述。

王阳明是明代思想家、军事家、心学集大成者。政治上，他官至南京兵部尚书，生前封“新建伯”，去世后谥号“文成公”；军事上，他不费朝廷一兵一饷，选练民兵，平定了为祸南方四省多年的匪乱；思想上，他融合儒、释、道三家精华，独创了著名的阳明心学，被誉为“治学之名儒，治世之能臣”。他的故居里，就有一副楹联称赞他：“立德立功立言真三不朽，明理明知明教乃万人师。”

曾国藩是中国近代政治家、战略家、理学家、文学家，湘军的创立者和统帅，晚清“中兴四大名臣”之一。太平天国运动时，清政府的统治风雨飘摇，岌岌可危。曾国藩组建湘军，经过多年鏖战，平定太平天国运动，力挽狂澜。他官至两江总督、直隶总督、武英殿大学士，封一等毅勇侯，谥号文正。曾国藩对晚清时期的政治、军事、经济、文化等局势都产生了深远的影响。在他的倡议下，中国建造了第一艘轮船，建立了第一所兵工学堂，翻译印刷了第一批西方书籍，派遣了第一批赴美留学生……可以说，曾国藩是中国近代化建设的开拓者。

曾国藩没有出类拔萃的天资，反应也比较迟钝。他考秀才考了七次才通过，会试也考了三次才中进士，屡败屡战，全凭刻苦勤奋、持之以恒，“吃得苦”“耐得烦”，才一步步从屡试不第的书生，成为朝廷重臣，实属难能可贵。也有人用对联总结了曾国藩的一生：“立德立功立言三不朽，为师为将为相一完人。”

那么，为什么曾国藩只算得半个圣人呢？

这是因为曾国藩没有形成自己的思想和学问，他的大部分观念都来自古人、传统美德和师友，缺乏独创性。

此外，曾国藩信奉乱世就要用重典，在长沙组建团练、开审案局时，杀了很多湖南“土匪”，有时会错杀好人，人送外号“曾剃头”。在平定太平天国运动的最后阶段，曾国藩指挥湘军攻陷太平天国都城南京。他的九弟曾国荃率部屠城，“三日之间毙贼共十余万人。秦淮长河，尸首如麻”，男女老幼，几无幸免。曾国藩作为主帅，难辞其咎。后人评价曾国藩杀戮过多，残忍酷毒，有违儒家的核心思想——仁，于德有亏。

鉴于以上两条，有人认为曾国藩不配被称为“圣人”。但曾国藩身处封建时代，自然要效忠皇帝，维护清廷统治，而且身在乱世，杀鸡儆猴、采取铁血政策也是不得已之举。

不管怎样，在五千年的中华文明长河里，曾国藩的名字得以与孔子和王阳明一起，并列于圣人之列，已经是至高的荣誉。

二

曾国藩的思想和学术著作影响有限，唯有《曾国藩家书》驰誉天下。在中国历史上，写过家书的名人很多，但是家书传播最广、名气最大的，还属《曾国藩家书》。与曾国藩同时代的左宗棠、胡林翼，还有曾国藩的弟子李鸿章等人都有家书，为什么这些人的家书跟曾国藩的家书不可同日而语呢？

我想主要原因有以下三点：

第一点，《曾国藩家书》的写作历时最久，信件数量最多，其内容也非常广泛。

《曾国藩家书》写了多久呢？从道光二十年（1840年）至同治十年（1871年），时间跨度长达三十多年，数量接近1500封。其内容涉及修身养性、为人处世、交友识人、持家教子、治学论道、疆场竞斗等。时间之长、内容之广，古今中外恐怕无人能及。

家书是中国教育文化的一个重要组成部分，以家庭书信的独特形式，根据家中子弟的具体情况有针对性地进行教育，娓娓道来、亲切温和，既有理论上的高度，又有亲情上的温度，更易为阅读者认可和接受。

第二点，曾氏家书情感真挚，百姓之念、亲族之思、舐犊之情始终洋溢纸上，尤其是手足之爱，更令人感动。

曾国藩是家中的长子，他有四个弟弟，按照祖父辈的序列排行，分别是四弟曾国潢、六弟曾国华、九弟曾国荃、季弟曾国葆。曾国藩考中进士、进入翰林院以后，为弟弟们的学业和人生操碎了心，在《曾国藩家书》里，有近700封是写给四个弟弟的。

在家书中，曾国藩一直苦口婆心地对弟弟们进行教育和规劝，反复教导弟弟们要修身进德、勤奋读书，即使考场失利，也要经得起挫折，继续努力。曾国藩对弟弟们的教导是全方位的：修德学业要勤恒、拜师交友要专一、救急赈贫要持久、骄奢淫逸不能有……哪怕九弟曾国荃官至一品大员，曾国藩也毫不放松对他的教诲，多次去信劝诫他不要骄傲，必须保持谦虚低调。曾国藩怀有长兄如父的责任感，对弟弟们呕心沥血，毫无保留，成就了一段兄友弟恭的佳话。

第三点，曾氏家书集中体现了“立志”“进德”“勤”“恒”等中华传统美德，并且曾国藩以身作则，为后人树立了学习的楷模。

曾国藩中进士后，最大的心事就是效法前贤，成为孔子、王阳明那样的圣人，要按照“修身齐家治国平天下”的儒家准则，澄清天下，救国救民，干一番大事业。曾国藩非常自信地认为：只要立下志向，持之以恒不动摇，目的就一定能达到。“人苟能自立志，则圣贤豪杰何事不可为？”凭借自己的努力，他也终于如愿以偿。

曾国藩在家书中说：“吾人只有进德、修业两事靠得住。进德，则孝弟仁义是也；修业，则诗文作字是也。此二者由我作主，得尺则我之尺也，得寸则我之寸也。”他一生修身立德，把“内圣外王”作为自己的人生追求，获得了“道德文章冠冕一代”的美誉。

曾国藩一直认为：不管居家、居官、行军，都应该以“勤”字为根本。“百种弊病皆由懒生，懒则事事松弛。”他劝导弟弟们勤于学业，随处可读书，自己也是身体力行，无论在京为官，还是赴湘团练，抑或平剿太平军，他抓住一切闲暇时间，“无一日不读书”，甚至死前一日仍手不释卷。

曾国藩曾经引用《礼记·中庸》的话自勉，原文是“人一能之，己百之；人十能之，己千之。果能此道矣，虽愚必明，虽柔必强”。大意是勤能补拙：别人一遍能做到的，我做一百遍；别人十遍能做到的，我做一千遍。如果真能这样做，即使是愚笨的人也一定变得聪明，即使是柔弱的人也一定变得坚强。

资质平庸的曾国藩正是不断以“勤”“恒”二字自励，勤于修身修业，恒于立志进德，才成就了自己的非凡人生。

三

曾国藩有一副名联：“不为圣贤，便为禽兽；莫问收获，但问耕耘。”这是曾国藩一生谨遵的座右铭。其实这是清代理学大家、太常寺卿唐鉴送给曾文正公的一句话。道光二十一年，唐鉴将自己的著作《畿辅水利备览》及亲笔楷书条幅“不为圣贤，则为禽兽；只问耕耘，不问收获”赠予曾国藩。曾国藩极为推崇这副对联，将它挂在居室，用于自勉。后来他略加改动，便有了“不为圣贤，便为禽兽；莫问收获，但问耕耘”的名对。

作为“中兴第一名臣”，曾国藩对后人有着深远影响。梁启超曾说他“一生得力在立志，自拔于流俗，而困而知，而勉而行，历百千艰阻而不挫屈；不求近效，铢积寸累，受之以虚，将之以勤，植之以刚，贞之以恒，帅之以诚，勇猛精进，坚苦卓绝”。毛泽东也曾说过“愚于近人，独服曾文正”，认为他是地主阶级最厉害的人物。

而对当代青少年来说，曾国藩的榜样意义是证明一个资质平凡的普通人，在强大意志力的推动下，也可以实现自己的人生理想，达到非凡的人生高度。曾国藩的一生，本身就是一个超级励志的传奇。他让我们看到只要努力奋斗就能成功的希望，让普通人也能燃起前行的斗志。

目录

禀父母◎友爱兄弟

男国藩跪禀父母亲大人万福金安：

……九弟迫思南归，不解何故。自九月初间即言欲归。男始闻骇异，再四就询，终不明言，不知男何处不友，遂尔开罪于弟，使弟不愿同居。男劝其明白陈辞，万不可蕴藏于心，稍生猜疑。如男有不是，弟宜正容责之，婉言导之，使男改过自赎。再三劝谕，弟终无一言。……

自从闰三月以来，弟未尝片语违忤，男亦从未加以词色，兄弟极为湛乐。兹忽欲归，男寝馈难安，展转思维，不解何故，男万难辞咎。……男教训不先，鞠爱不切，不胜战栗待罪之至。……

（道光二十一年九月十五日）

男国藩跪禀父母亲大人万福金安：

……九弟体好如常，但不甚读书。前八月下旬迫切思归，男再四劝慰，询其何故，九弟终不明言，惟不读书，不肯在上房共饭。男因就弟房二人同食，男妇独在上房饭，九月一月皆如此。弟待男恭敬如常，待男妇和易如常，男夫妇相待亦如常，但不解其思归之故。男告弟云“凡兄弟有不是处，必须明言，万不可蓄疑于心。如我有不是，弟当明争婉讽。我若不听，弟当写信禀告堂上。今欲一人独归，浪用途费，错过光阴，道路艰险，尔又年少无知，祖父母、父母闻之，必且食不甘味，寝不安枕，我又安能放心？是万万不可也”等语。又写书一封，详言不可归之故，共二千余字；又作诗一首示弟。弟微有悔意，而尚不读书。十月初九，男及弟等恭庆寿辰。十一日，男三十初度，弟具酒食，肃衣冠，为男祝贺，嗣是复在上房四人共饭，和好无猜。

昨接父亲手谕，中有示荃男一纸，言“境遇难得，光阴不再”等语，弟始愧悔读书。男教弟千万言，而弟不听；父亲教弟数言，而弟遽惶恐改悟。是知非弟之咎，乃男不能友爱，不克修德化导之罪也。伏求更赐手谕，责男之罪，俾男得率教改过，幸甚。……

（道光二十一年十月十九日）

优美译文

儿国藩跪禀父母亲大人万福金安：

……不知是什么原因，九弟迫切想回家乡。从九月初他就说想回去。儿子我听了十分惊奇，再四询问，可九弟始终不肯说明为什么。不知是儿子我什么地方做得不好，得罪了弟弟，让弟弟不愿和我一起住。我劝他有话要明说，千万不要闷在心里，以致彼此猜疑。如果我做兄长的有不对的地方，弟弟应该严肃地指出来，婉言劝导，使儿子我改正过错、弥补过失。但谈了几次，弟弟始终一言不发。……

自从闰三月以来，弟弟从没说过一句不顺从的话，我也从没对他说过一句重话，兄弟之间相处得很好。现在他忽然提出回家，我寝食难安，左思右想也想不明白其中的原因。儿子我一定是有什么地方做得不对，我无法推卸自己的责任。……儿子我教导无方，不够爱护兄弟，深感惭愧，求父母亲多加批评。……

（道光二十一年九月十五日）

儿国藩跪禀父母亲大人万福金安：

……九弟身体健康如常，只是不愿读书。他此前八月下旬急切想回老家，儿子我再四劝解安慰，询问他为什么这样，九弟终究不肯明说，只是不读书，而且不肯在上房一起吃饭。儿子我只好到九弟房中跟他一起吃饭，让您儿媳妇一个人在上房吃饭，整个九月都这样。九弟对我和从前一样恭敬，对您儿媳妇也和从前一样和气，儿子我夫妻俩对他也和往常一样，就是不明白他为什么想回老家。我跟九弟说了“凡是兄弟之间有了矛盾，一定要明白地说出来，千万不能憋在心里而胡乱猜疑。假如我有不对的地方，弟弟你应当明白指出并好言劝说。我若是不听劝告，弟弟你就写信告诉父母。现在你想一个人独自回老家，不仅浪费路费，还会错过大好光阴，而且路上不安全，你年纪轻轻缺少经验，祖父母和父母知道了，一定会吃不香、睡不好，我又怎么能放心呢？这是万万不能的”这些话。我还给弟弟写了一封信，详细说明不让他回老家的原因，一共写了两千多字，又作了一首诗给弟弟。九弟略微有些后悔，但还是不读书。十月初九，我和弟弟恭庆父亲生辰。十一日，儿子我过三十岁生日，九弟备好酒菜，穿戴整齐祝贺我，从这天以后，他又重新回到上房吃饭，和好如初了。

昨天收到父亲大人的信，其中有一页是专门写给国荃的，写了“境遇难得，光阴不再”等话，九弟方才愧疚后悔，开始读书。儿子我教导弟弟也说了千言万语，可弟弟不听；父亲大人教导弟弟几句话，弟弟就诚惶诚恐、幡然悔悟。可见不是弟弟有什么不对，而是我不关爱兄弟，并且修为不够，不能教化开导弟弟。还望父亲大人责备儿子的过失，使我能够改正错误，那可就真的是太好了。……

（道光二十一年十月十九日）

真知灼见

道光二十年（1840 年）年底，曾国藩的父亲护送曾国藩的妻儿来京时，带了曾国藩的九弟曾国荃进京，让他随曾国藩读书，期望通过翰林哥哥的亲自指导，曾国荃能够学业进步，科举高中，成为曾氏家族的后起之秀。

道光二十一年（1841 年）正月初七，新年刚过，曾国藩就开始正式教导曾国荃。据《曾国藩日记》记载，自此之后，他几乎每天都给弟弟上课。比如正月初十，曾国藩要求曾国荃背诵名篇《哀江南赋》，并且细细为他讲解。

曾国藩教导弟弟很讲究方法，除了讲解文章，曾国藩还选编古诗文，指定曾国荃阅读。他还规定，每逢三、八日，他要出题让弟弟作文。曾国荃完成之后，曾国藩给他修改，一一讲解为什么要这样改。曾国藩还找来前人所作的同题文章，讲给曾国荃听，让他看到自己和名家的差距。

曾国藩还经常带着弟弟拜访朋友，请他们向弟弟介绍学习之道，让弟弟能广益多师。比如这一年二月初六，曾国藩携弟拜访八股文专家钱振伦，希望他在八股文写作方面对曾国荃进行指导。

可以说，曾国藩为了教导曾国荃，提高他的学业水平，付出了极大的心血和精力，为弟弟操碎了心。

可是，道光二十一年八月的一天晚上，十八岁的曾国荃突然说以后不到上房来和兄嫂一起吃饭了，兄弟各吃各的，过两天他就卷包袱回老家。

曾国藩听了大为惊讶，问遍了家里所有人是否得罪了曾国荃，并多次亲自向曾国荃询问事由，劝弟弟有话要明说，千万不要闷在心里，以致兄弟互相猜疑，但曾国荃一声不吭。这件事情让曾国藩感到莫名其妙，又愧疚自责，多次写信向父母做自我检讨。

曾国藩的父亲得知以后非常恼怒，于是托人带来口信，先责备曾国藩教导不尽职、待弟不友爱之罪，后批评弟弟年少无知、不听兄长教诲之罪，把二人都教训了一顿。曾国藩认为父亲大人的教训极有道理。这件事一是反映出封建家长制度的影响——父母怎么批评都是对的，晚辈要恭恭敬敬、诚惶诚恐，希望能得到父母的谅解；二是反映出曾国藩良好的家庭教养、对父母的孝顺之情以及期待兄弟和睦的愿望。

整个九月份，无论曾国藩如何劝慰，曾国荃始终不肯跟曾国藩一家一起进餐，也不说明原因，也不读书。曾国藩寝食难安，给弟弟写了一封两千字的长信，又给弟弟写诗，向他表明友爱的心迹。十月份曾国藩生日时，曾国荃才又回到上房一起吃饭。过了几天他们收到父亲曾麟书的家书，父亲告诉曾国荃“人生境遇难得，不要虚度”，曾国荃才有悔改之意，重新开始读书作文。

虽然曾国荃一直不肯明言为何闹别扭，但是曾国藩在这段时间的家书里反复向家人检讨，说自己没有尽到教导的义务，希望父亲多多批评自己，足见其勇于自我检讨、友爱兄弟的品质和修养。

这件事的起因，据说是曾国荃一直喜喝浓茶，而且饭后一定要换一杯新茶。有一次饭后，欧阳夫人看曾国荃杯中的茶水还浓，就没给他换新茶。就因为这么一点小事，倔强的曾国荃耍起了脾气，闹出了这场风波。

快乐阅读

爱弟如子

虽然曾国藩和曾国荃是亲兄弟，但二人从性格到为人处世，差别很大。曾国荃脾气暴躁，热衷于功名，却不懂进退之道。

曾国藩有一天问心腹幕僚赵烈文："外面的人怎么评价我跟九弟国荃？"赵烈文先是支支吾吾不肯回答，曾国藩再三要求，赵烈文才回答说："沅师（曾国荃）性格耿直而喜欢闹事，老师您言行谨慎周密。但说到兄弟之情，则友爱无间。"

曾国藩接过话头说："同治三年（1864 年）秋，我就任两江总督那天，九弟刚好被解除了浙江巡抚一职。当时很多人在场，他就愤恨不平、大发牢骚，让我非常难堪啊。"

这段谈话说明，曾国荃功名得失心极强，爱耍脾气，也不顾忌兄长的面子。

曾国荃在率军攻破太平天国的首都南京之后，纵容军队大肆屠杀平民，三日之内就杀了十多万无辜百姓，"秦淮长河，尸首如麻，……三日夜火光不息"，十分残忍冷酷。在一生追求修身进德、谨慎隐忍的曾国藩眼里，这个"挥金如土、杀人如麻"的弟弟总是不让他省心。为此，在曾国荃带兵征战的过程中，曾国藩经常用写信、派幕僚面谈等方式对他进行劝诫和疏导，以防弟弟在重要关头犯大错误。

曾国荃后来官至一品大员，封一等伯爵，很大程度上得益于有曾国藩这样友爱的兄长，一直苦口婆心地对他进行教导和规劝。曾国藩怀有长兄如父的责任感，对弟弟们呕心沥血，毫无保留，成就了一段佳话。

禀父母◎劝两弟学业宜精

男国藩跪禀父母亲大人万福金安：

……六月底，我县有人来京捐官（王道隆）。渠[①]在宁乡界住，言四月县考时，渠在城内并在彭兴岐（云门寺）、丁信风两处面晤四弟、六弟，知案首[②]是吴定五。男十三年前在陈氏宗祠读书，定五才发蒙[③]作起讲[④]，在杨畏斋处受业。去年闻吴春冈说定五甚为发奋，今果得志，可谓成就甚速。其余前十名及每场题目，渠已忘记，后有信来，乞四弟写出。

四弟、六弟考运不好，不必挂怀。俗语云："不怕进得迟，

①渠：他。 ②案首：指明、清时科举考试，县、府试及院试的第一名。 ③发蒙：启蒙。
④起讲：八股文的第三股，概要叙述全文，以引发议论。

只要中得快。”从前邵丹畦前辈（甲名）四十三岁入学，五十二岁作学政。现任广西藩台汪朗渠（鸣相）于道光十二年入学，十三年点状元。阮芸台（元）前辈于乾隆五十三年县、府试皆未取头场，即于其年入学中举，五十四年点翰林，五十五年留馆，五十六年大考第一，比放浙江学政，五十九年升浙江巡抚。些小得失不足患，特患业之不精耳！两弟场中文若得意，可将原卷领出寄京；若不得意，不寄可也。

……正月间俞岱青先生出京，男寄有鹿脯一方，托找彭山屺转寄，俞后托谢吉人转寄，不知到否？又四月托李昺冈（荣灿）寄银寄笔，托曹西垣寄参，并交陈季牧处，不知到否？……男每接家信，嫌其不详，嗣后更愿详示。

男谨禀。

（道光二十二年七月初四日）

优美译文

儿国藩跪禀父母亲大人万福金安：

……六月底，我县有人来京城捐官。这个人在宁乡界住，他说四月县考时，他在城里，并且在彭兴岐、丁信风两处，见过四弟和六弟，知道第一名是吴定五。儿子我十三年前在陈氏宗祠读书，定五才刚开始学习如何作起讲，在杨畏斋那里学习。去年听吴春冈说定五很发奋，现在果然得志，可以说很快有成就。其余前十名和每场题目，他已忘了，以后来信，请四弟告诉我。

四弟和六弟考运不好，不必放在心上。俗话说："不怕进得迟，只要中得快。"从前邵丹畦前辈四十三岁才入学，五十二岁就做了学政。现任广西藩台的汪朗渠在道光十二年入学，道光十三年点状元。阮芸台前辈，在乾隆五十三年的县试和府试，头场都没有录取，但就在当年入学中举，乾隆五十四年点翰林，五十五年留馆，五十六年大考第一名，外放担任浙江学政，五十九年升浙江巡抚。小小得失不足为患，只怕学业不精啊！两个弟弟考场里写的文章如果自己很满意，可把原卷领出来寄到京城；如果不满意，不寄也行。

……正月间，俞岱青先生出京，儿子我寄去鹿脯一块，让他找彭山屺转寄，俞岱青后来托谢吉人转寄，不知收到没有？在四月又托李竟冈寄银子和笔，托曹西垣寄人参，一并交到陈季牧处，不知收到没有？……儿子每次接到家信，都嫌写得不详细，以后希望详细训示。

儿子谨禀。

（道光二十二年七月初四日）

真知灼见

曾国藩二十八岁时参加会试和殿试。在京城，曾国藩见到了全国最优秀的人才。殿试时，曾国藩只得了三甲第四十二名，赐同进士出身，就是殿试里比较差的名次，这让曾国藩感到非常羞愧。他听从了会试副主考官朱士彦的建议，把自己的名字由“子城”改为“国藩”，立志效法古今的圣贤，成为国家的屏障、社稷之藩篱。

曾国藩认为，要想实现自己的人生理想，成为名垂青史的人，除了立志修身齐家，还要时时警醒自己，刻苦努力，永不放松。

在道光二十二年（1842 年）十二月二十日给四位弟弟的家书中，曾国藩不无自豪地说：“余自十月初一立志自新以来，虽懒惰如故，而每日楷书写日记，每日读史十页，每日记茶余偶谈一则，此三事未尝一日间断……”这三件事，曾国藩一直坚持不懈，直到创办湘军时，才因公务繁忙间断。进入翰林院以后，他以惊人的毅力刻苦学习，日日自新，很快就脱颖而出，得到了皇帝的赏识，在十年之内连升十二级，三十七岁就做到了二品大员。

道光二十二年，曾国藩的四弟和六弟参加科考，又没有成功。曾国藩为此专门写了这封信，劝诫两位弟弟学业之途宜精专。他开导弟弟们，一时的考运不好不必放在心上，不要怕入行晚，只要早晚能够高中，之后的进展会很快。他还以邵丹畦、阮芸台等人为例子：这些人在科举路上入行都很晚，但是入行以后升迁很迅速，所以一定要坚持理想、发奋读书，持之以恒，将来就会有所收获。

快乐阅读

屡败屡战

曾国藩是个慢性子，反应也比较迟钝。他的好友左宗棠说他“欠才略”“才太短”“兵机每苦钝智”，他的学生李鸿章也曾当面说他“儒缓”。他自己更是毫不掩饰地说：“余性愚钝，他人目下二三行，余或疾读不能终一行；他人顷刻立办者，余或沉吟数时不能了。”

曾国藩考秀才考了七次才通过，会试也考了三次才中进士，屡败屡战，全凭刻苦勤奋、持之以恒的努力，才一步步从屡试不第的书生成为朝廷二品大员。

后来，曾国藩奉朝廷之命，率领湘军去剿灭太平天国。战争初期湘军运势不佳，几乎是打一仗败一仗。在鄱阳湖口一战中，湘军又吃了败仗，曾国藩气得跳水自尽，幸好被朋友救起。

在给皇帝的上疏里，曾国藩惭愧地说自己是“屡战屡败”，后来经幕僚建议改为“屡败屡战”，因为虽然多次失败，曾国藩也一直没有放弃。皇帝看了他的上疏后，没有因失败责罚他，反而表扬他持之以恒。

拿破仑有这样一句名言：“人生的光荣，不在永不失败，而在于能够屡败屡战。”后来，曾国藩又重新组建、操练湘军，终于抓住时机，一举攻克太平军的首都天京（今南京），平定太平天国运动，获得了最终的胜利。

曾国藩认为：读书贵在持之以恒。他曾写过七封书信，来阐明自己对“恒”的深刻认识，其中最著名的莫过于这句：“凡人作一事，便须全副精神注在此一事，首尾不懈；不可见异思迁、做这样想那样、坐这山望那山。人而无恒，终身一无所成。”

正是不断以“勤”“恒”二字自励，资质平庸的曾国藩凭着韧劲和恒心，成就了自己的非凡人生。

致诸弟[1]◎
随处可读书

……观四弟来信甚详，其发奋自励之志溢于行间；然必欲找馆出外，此何意也？不过谓家塾离家太近，容易耽搁，不如出外较清净耳。然出外从师，则无甚耽搁；若出外教书，其耽搁更甚于家塾矣。且苟能发奋自立，则家塾可读书，即旷野之地、热闹之场，亦可读书，负薪[2]牧豕[3]，皆可读书。苟不能发奋自立，则家塾不宜读书，即清净之乡、神仙之境，皆不能读书。何必择地，何必择时，但自问立志之真不真耳。

六弟自怨数奇[4]，余亦深以为然。然屈于小试，辄发牢骚，吾

①致诸弟：本篇刻本无抬头称呼，当是与诸弟书。 ②负薪：背柴，相传西汉朱买臣背着柴草时还刻苦读书。 ③牧豕：放猪。相传东汉承官一边放猪，一边听人讲解经书。④数奇：此处指命运不好，遇事不利。

窃笑其志之小而所忧之不大也。君子之立志也，有民胞物与之量，有内圣外王之业，而后不忝于父母之生，不愧为天地之完人。故其为忧也，以不如舜、不如周公为忧也，以德不修、学不讲为忧也。是故顽民梗化，则忧之；蛮夷猾夏，则忧之；小人在位、贤才否闭，则忧之；匹夫匹妇不被己泽，则忧之。所谓悲天命而悯人穷，此君子之所忧也。若夫一身之屈伸、一家之饥饱，世俗之荣辱得失、贵贱毁誉，君子固不暇忧及此也。六弟屈于小试，自称数奇，余窃笑其所忧之不大也。……

（道光二十二年十月二十六日）

优美译文

……四弟来信写得很详细，他发奋读书、自强自励的志向，流露在字里行间。但他一定要外出找学堂，这是什么意思？不过说家塾离家太近，容易耽搁，不如外头清静。如果是外出从师读书，自然没有耽搁；如果外出教书，那耽搁起来可比在家塾还厉害。

况且，如果真能发奋自立，那么不但家塾可以读书，就是荒郊野外、热闹场所，也可以读书，即使背柴放牧，都可以读书。如不能发奋自立，那么非但家塾不宜读书，就是更清净的地方、神仙居住的环境，都不能读书。何必要挑选地方，何必要选择时间，只要扪心自问：自己是不是真的立志读书？

六弟埋怨自己命运不佳，我也深有同感。但只是一场小考试失利，就发牢骚，我暗笑他志向太小，而心中所忧虑的不够大。君子立志，要有泛爱人民万物的器量，以内圣外王为功业，才不辜负父母生育之恩，不愧为天地间的一个完人。因此君子所忧虑的，是因自己不如舜帝和周公而忧虑，是因自己德行没有修整、学问没有大成而忧虑。所以，顽固的刁民难以感化，君子忧虑；野蛮的少数民族侵扰华夏，君子忧虑；小人在位、贤人没有机会，君子忧虑；老百姓没有得到自己的恩泽，君子忧虑。通常所说的悲天悯穷，才是君子的忧虑。如果是一己的委屈和顺利、一家人的饥和饱，以及世俗所说的荣辱得失、贵贱毁誉，君子还没有工夫去忧虑呢。六弟由于一次小考试不顺利，就埋怨自己命不好，我暗笑他所忧的对象太渺小了。……

（道光二十二年十月二十六日）

真知灼见

曾国藩是家中的长子，他有四个弟弟，按照祖父辈的序列排行，分别是四弟曾国潢、六弟曾国华、九弟曾国荃、季弟曾国葆。

曾国藩考中进士、进入翰林院以后，为弟弟们的学业操碎了心，他在家书中反复教导弟弟们要勤奋读书。

四弟曾国潢是曾国藩最大的弟弟，曾国藩对他最寄予厚望。但是曾国潢天分不高，曾国藩走后他承担长子的责任，要为父母分担家务，就放弃了科考之路。太平天国起义爆发，曾国藩成立湘军的时候，曾国潢先在长沙协助训练，并筹措粮饷，后来又去衡阳训练新军。他办事老练，很得曾国藩信任。他们的父亲曾麟书瘫痪后，他就回乡照顾父亲。曾麟书去世后，他又承担起照顾整个家族的责任，从此操持曾氏家族事务，培养子侄，让曾国藩等兄弟在前线能安心打仗。

六弟曾国华被认为是曾国藩几个兄弟之中天赋最高的。他办事能力极强，因为曾国藩的关系，未经科举考试直接当了地方知县的副手，此后一路晋升，未满三十岁已经是五品同知。咸丰五年（1855 年），曾国藩带兵被困江西，曾国华担忧兄长安危，赴湖北巡抚胡林翼处请求援助，并带援军一连攻克多个城镇，为曾国藩解围。1857 年，曾麟书去世，按照规矩，曾氏兄弟都要守丧三年。但曾国华因为此前过继给了叔叔，只需要守丧一年，所以由他来执掌湘军。他的军事才能再次得到充分施展，“连下潜山、太湖、桐城、舒城四县，遂乘胜捣三河镇”。在三河镇，湘军李续宾、曾国华与太平军陈玉成、李秀成大战，曾国华战死沙场。

曾国藩的成功，离不开个人坚定的信念和超凡的能力，更离不开兄弟的互相扶持和协助。曾氏兄弟感情深厚，分工明确，各自为家族做出了自己的贡献，这又与曾国藩早年对兄弟们的关爱和教导密不可分。

在这封信里，曾国藩先是赞赏弟弟们发奋读书的志向，接着就劝导弟弟们，不要找借口说家里太吵，只要立志读书，无论荒郊野外还是热闹场所，都可以静心读书。曾家科举之路非常不顺利，六弟曾国华这次考试又失利了，但是因为一次失败就自怨自艾、精神颓废，那未免心胸狭隘、志向太小了。真正的君子，是“居庙堂之高而忧其民，处江湖之远而忧其君”，应该以天下为己任的，哪能为小小的挫折唉声叹气、大发牢骚呢？

快乐阅读

曾国藩练字

曾国藩是一名科举出身的士大夫，从青少年时代开始，就在书法上下了很多苦功。后来他位居高官、戎马征战，可供练习书法的时间不多，但他从不放松对自己书法的严格要求，一直练习到老，从未间断。

曾国藩一生所写的日记、书信及奏章等共计上千万字，不管在家、在翰林院、在地方衙门还是在军营里，他都坚持用楷书或行书认真书写，哪怕是给下属呈文的批复也都是如此，几十年如一日，以此练习书法。

他认为，一个人要想把字写好，并想成为一代书法大师，不必求速效，而要靠日积月累，持之以恒。在给儿子纪鸿的信里，曾国藩谦虚地说："余四十以前在京所作之字，骨力、间架皆无可观，余自愧而自恶之。四十八岁以后，习李北海《麓山寺碑》，略有进境，然业历八年之久，临摹已过千纸。……不可求名太骤，求效太捷也。"

在日记中，曾国藩则写道："近岁在军，不甚思索，但每日笔不停挥，除写字及办公之外，尚习字一张，不甚间断。"

他还在家书中告诫子弟："习字须有恒，每日临帖一百字，万万无间断，则数年必成书家矣。"

由此可见，曾国藩在书法上的造诣，主要取决于他的恒心和毅力。

读书和练习书法一样，只要有恒心和毅力，不必在乎环境是否恶劣、条件是否齐备，要动脑筋想办法，随时督促自己奋发努力，在困境中磨砺自己，这样才能成功。

致诸弟◎
交友拜师宜专一

四位老弟左右：

正月二十三日接到诸弟信，系腊月十六在省城发。不胜欣慰！四弟女许①朱良四姻伯子孙，兰姊女许贺孝七之子，人家甚好。可贺！惟蕙妹家颇可虑，亦家运也。

六弟、九弟今年仍读书省城，罗罗山②兄处附课③甚好。既在此附课，则不必送诗文与他处看，以明有所专主也。凡事皆贵专。求师不专，则受益也不入；求友不专，则博爱而不亲。心有所专宗，而博观他途以扩其识，亦无不可。无所专宗，而见异思迁，此眩

①许：此处意为许亲、许配。 ②罗罗山：即罗泽南。 ③附课：古代书院的招生名额由各书院依办学实力自定，除了招收测试成绩优异的“正课生”，还录取成绩稍差一些的“附课生”，也写作“副课生”。

彼夺①，则大不可。罗山兄甚为刘霞仙、欧晓岑②所推服，有杨生（任光）者，亦能道其梗概，则其可为师表明矣，惜吾不得常与居游也。……

……九弟与郑、陈、冯、曹四信，写作俱佳。可喜之至！六弟与我信，字太草率。此关乎一生福分，故不能不告汝也。四弟写信，语太不圆。由于天分，吾不复责。

余容续布，诸惟心照。

兄国藩手具。

（道光二十四年正月二十六日）

①此眩彼夺：这边炫目，那边也光彩夺目，形容贪婪的人欲望没有止境。 ②欧晓岑：即欧阳兆熊，字小岑，一字晓岑，号匏叟，湖南湘潭人。

优美译文

四位老弟左右：

正月二十三接到弟弟们的信，是十二月十六日从省城所寄。我很欣慰！四弟的女儿许配给朱良四姻伯的孙儿，兰姐的女儿许配给贺孝七的儿子，人家都很好，可喜可贺！只是蕙妹家的情况很让人忧虑，也是家运如此啊！

六弟、九弟今年仍旧在省城读书，在罗罗山处附课请教，很好。既然在罗罗山那里读书，就不必把诗文送给其他老师看了，以表明学有专主。做任何事情都贵在专一。求师不专，即使受益也很难深入；求友不专，那是博爱而没有知心至交。内心有专一的宗旨，博采众长以增长见识，也不是不可以。内心没有专一的宗旨，见异思迁，这山望着那山高，那就错了。罗山兄很为我的朋友刘霞仙、欧阳小岑他们所推崇，有一个叫杨任光的，也能说出他的大概，罗罗山可以为人师表，当之无愧，可惜我不能常常和他一起交流。……

……九弟写给郑、陈、冯、曹四位的信各一封，文字和书法都很好，可喜之至！六弟写给我的信，字太潦草，这是关系一生福分的事，所以不能不告诉你。四弟写信，语言太不圆熟，这是受天分限制，我不再责备他。

其余的事容我以后再写，各种事情彼此心照不宣。

哥哥国藩亲笔。

（道光二十四年正月二十六日）

真知灼见

曾国藩一共参加了三次会试，前两次落第，二十八岁那年，他第三次应试，终于考中，殿试时名列三甲第四十二名，赐同进士出身，排名非常靠后，但好歹也算中了进士。后来，他在朝考中逆袭成功，一举蹿升到第二名，获得进入翰林院的资格。

1840 年，曾国藩开始了读书再学习的翰林生涯。翰林院是官多事少的清闲衙门，曾国藩深知自己出生于穷乡僻壤，见识有限，所以趁着工作悠闲，一边勤奋读书，一边结交朋友，增长见闻。他的日记上几乎每天都有外访朋友及接待访客的记录。翰林的身份高贵，这让他可以结识许多学者名儒，“谈笑有鸿儒，往来无白丁”，其中包括唐鉴、倭仁这样的大师。曾国藩有这样的人物作为良师益友，品行修养和学识自然大有长进。

在这封信里，曾国藩对家乡亲人们的婚姻嫁娶十分关心，对弟弟们的学业更是关怀备至。他告诫在省城罗泽南老师那里求学的弟弟们，既然拜罗先生为师，就要专心致志，不要这山望着那山高，这是对老师的尊重。交友之道也是如此，对待朋友要忠诚专一，不可见异思迁，让朋友心寒。弟弟们有曾国藩这样又慈爱又严格的兄长，又有名声远播的好老师，在品德和治学上都取得了进步。他们后来虽然没有在科举上取得功名，但是也都成为国之栋梁。曾国藩是湘军创建者，他的四个弟弟也都加入过湘军，其中两人战死沙场，一人战功卓越，与他同日封爵。

快乐阅读

生命中的良师

海伦·凯勒是大家熟悉的美国盲聋女作家、教育家。她幼时患病，两耳失聪，双目失明。七岁时，安妮·沙利文担任她的家庭教师，从此成了她的良师益友。沙利文老师为了让海伦亲近大自然，让她在草地上打滚，在田野里跑跑跳跳，爬到树上吃饭，还带她去抚摸刚出生的小猪，到河边去感受清凉的水。在老师爱的关怀和辛苦指导下，海伦用手触摸学会了手语，摸点字卡学会了读书，用手摸别人的嘴唇学会了说话。后来她还克服失明与失聪的多重障碍，以优异的成绩完成了大学学业。在大学期间，海伦写了《我生命的故事》，讲述她如何战胜病残的经历，给成千上万的人带来鼓舞。这本书被译成五十多种文字，在世界各国流传。

1936年，和她朝夕相处五十年的沙利文老师去世了，海伦非常伤心。她深深知道，如果没有老师的爱，就没有今天的她，她决心要把老师给她的爱传播出去。于是，海伦周游世界，发表演说，为盲人、聋哑人筹集资金，为残障人士四处奔走，全心全意为这些不幸的人服务，成了卓越的社会改革家。第二次世界大战期间，她又访问战地医院，慰问失明士兵，受到全世界人们的崇敬。1964年，海伦·凯勒被授予美国公民最高荣誉——总统自由勋章，次年又被推选为“世界十名杰出妇女”之一。

海伦是安妮·沙利文的第一个学生，也是她一生中唯一的学生，沙利文老师在海伦身上倾注了全部的心血和精力。没有沙利文的爱和关怀，海伦不可能过上正常人的生活，更不可能取得巨大的成功。

禀祖父母◎
先馈赠亲戚族人

孙国藩跪禀祖父母大人万福金安：

二月十四，孙发第二号信，不知已收到否？孙身体平安，孙妇及曾孙男女皆好。孙去年腊月十八曾寄信到家，言“寄家银一千两，以六百为家中还债之用，以四百为馈赠亲族之用”。其分赠数目，另载寄弟信中，以明不敢自专之义也。后接家信，知兑啸山百三十千，则此银已亏空一百矣。顷闻曾受恬丁艰[1]，其借银恐难遽[2]完，则又亏空一百矣。所存仅八百，而家中旧债尚多。馈赠亲族之银，系孙一人愚见，不知祖父母、父亲、叔父以为可行否？伏乞裁夺。

①丁艰：遭逢父母丧事。 ②遽：急速，迅速。

孙所以汲汲[①]馈赠者，盖有二故：一则我家气运太盛，不可不格外小心，以为持盈保泰之道。旧债尽清，则好处太全，恐盈极生亏。留债不清，则好中不足，亦处乐之法也。二则各亲戚家皆贫而年老者，今不略为佽助[②]，则他日不知何如。自孙入都后，如彭满舅曾祖、彭王姑母、欧阳岳祖母、江通十舅，已死数人矣。再过数年，则意中所欲馈赠之人，正不保何若矣。家中之债，今虽不还，后尚可还。赠人之举，今若不为，后必悔之。此二者，孙之愚见如此。然孙少不更事，未能远谋，一切求祖、父、叔父作主，孙断不敢擅自专权。其银待欧阳小岑南归，孙寄一大箱，衣物、银两概寄渠处，孙认一半车钱。彼时再有信回。

孙谨禀。

（道光二十四年三月初十日）

①汲汲：通“急急”。 ②佽（cì）助：帮助。

优美译文

孙儿国藩跪禀祖父母大人万福金安：

二月十四日，孙儿我寄出了第二封信，不知收到没有？孙儿身体平安，您孙媳妇和您的曾孙子、曾孙女都好。去年腊月十八日，孙儿我曾经寄信到家，说“寄给家里一千两银子，其中六百两用来还债，四百两用来赠送亲戚族人”。分送数目另写在给弟弟的信中，表明我不敢自己专断的意思。后来接到家信，知道在啸山那里兑换了百三十千钱，那这笔银子便少一百两了。刚刚听说曾受恬堂上有丧事，他借的银子恐怕难以迅速归还，那就又亏空一百两。所以仅剩下八百两，而我家旧债还多。送亲戚族人的钱，是孙儿一个人的愚蠢见解，不知祖父母、父亲、叔父大人以为可行不？伏乞裁决定夺。

孙儿之所以急于赠送，有两个缘故：一是我家气运太盛了，不可以不格外小心，要注意持盈保泰的道理。旧债还尽，好处太全，但恐怕盈到极点便转为亏损。留点债不还清，虽然美中不足，但也是处于乐境的办法。二是各亲戚家都是穷困而又年老的人，现在不略加资助，以后不知怎么样。自从孙儿进京后，如彭满舅曾祖、彭王姑母、欧阳岳祖母、江通十舅，已故去好几个。再过几年，我们想要赠送的人中，还不知道能剩几个。家里的债，即使今天不还，以后还可以还。送人的事，今天不做，以后便只有后悔了。这两样，是孙儿的愚见。然而孙儿年轻不懂事，没有远见，一切还请祖父、父亲和叔父作主，孙儿绝不敢自己专权。等欧阳小岑回湖南时，孙

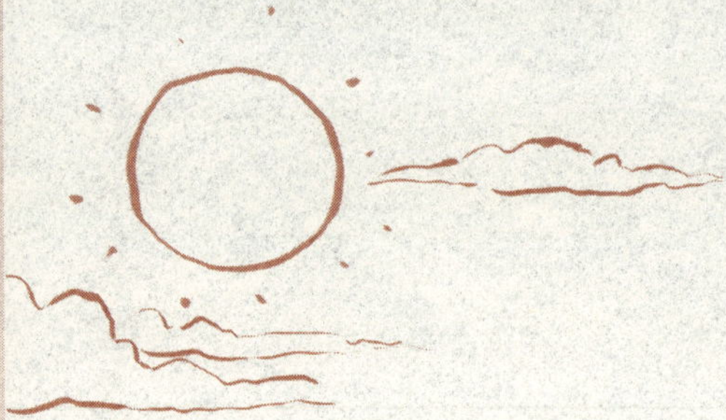

儿我寄一大箱衣物、银两到他那里，孙儿负担一半路费。那时还会有信寄回家里。

孙儿谨禀。

（道光二十四年三月初十日）

真知灼见

1840 年，曾国藩来到京城，以从七品翰林院检讨的身份，开始了十三年的京官生涯。京官俸禄不高，曾国藩既要寄钱回家供养父母、替家里还债，又要养活北京家里大小十几口人，生活一直很窘迫，常靠借钱度日。但是，只要有机会，他就寄钱给穷苦的族人，资助他们。

1843 年年初，曾国藩获得道光皇帝的赏识，升为翰林院侍讲。六月，他又担任四川主考官，去外地办差，获得了一些额外的收入和补助。曾国藩诚惶诚恐，觉得自家气运过盛，更要低调谨慎、行善积德，这样才能让家族的荣光延续持久。于是，他托叔父将白银一千两兑成钱，将其中一部分送与家族中年纪大、生活困苦的亲人。他还给弟弟们写信，说要节俭用度，攒钱置办义田以济贫民，捐银为家族修祠堂。

在谈到为什么先接济亲戚族人时，曾国藩认为：族人中，那些年纪大的已经陆续去世，还在世的，再不接济他们，以后就没机会了。后来他官至二品大员，还常常提醒儿女，自己家一定要节俭，但对各位叔叔家一定要大方。这些家书处处体现出曾国藩先人后己、乐善好施的高尚品格。

就在 1844 年正月里，曾国藩的老乡兼同事陈源衮的妻子去世了，陈家新生的儿子才一个月，没人照料。曾国藩把这个小婴儿带回自己家里，专门请了奶妈哺育他，还把自己的二女儿许配给他（古代关系密切的亲友之间，流行给年幼的子女定娃娃亲）。曾国藩雪中送炭、救人急难的美德也在京城传扬开来。

快乐阅读

不朽的毓秀桥

康熙年间，贵州巡抚刘荫枢告老回乡后，看到乡亲们进城赶集时都被澽水河所挡，来往很不方便。于是，他决定用自己攒的钱在河上建一座桥，以方便家乡父老。但是几乎所有家人都反对，觉得他应该把这些钱财留给子孙。

刘荫枢很伤心，他觉得自己虽然一身清白，但忽视了对子女的教育。于是，他用尽积蓄，历时五年，修成大桥，取名“毓秀桥”。

桥修好后，为了彻底消除孩子们依赖父母的心理，也为了避免子孙后代借桥敲诈百姓，刘荫枢立下字据，以三两白银的低价把桥卖给了官府。刘荫枢语重心长地对孩子们说：“俗话说，好男不端祖宗碗，儿孙兴旺福泽远。我造桥是为了家乡的父老乡亲们，现在卖桥却是为了你们！许多人做官敛财，致使儿孙骄奢淫逸，堕落成纨绔子弟。自己的路自己走，自己的生活自己创。你们自强自立，这才是我最大的愿望！”

刘荫枢的谆谆教诲，终于使孩子们明白了父亲的良苦用心，也令当地官吏和百姓极为感动。

春去秋来，世事变迁，转眼间三百多年过去了，毓秀桥依然默默地矗立在陕西韩城的澽水之上。它见证着刘荫枢的大公无私是如何造福乡里的，更见证着中华民族鼓励子孙自立自强的家风和美德！

致诸弟◎唯进德、修业两事靠得住

四位老弟左右：

昨廿七日接信，快畅之至，以信多而处处详明也。

四弟《七夕诗》甚佳，已详批诗后。从此多作诗亦甚好，但须有志有恒，乃有成就耳。余于诗亦有工夫，恨当世无韩昌黎及苏、黄一辈人可与发吾狂言者。但人事太多，故不常作诗，用心思索，则无时敢忘之耳。

吾人只有进德、修业两事靠得住。进德，则孝弟仁义是也；修业，则诗文作字是也。此二者由我作主，得尺则我之尺也，得寸则我之寸也。今日进一分德，便算积了一升谷；明日修一分业，又算余了一文钱；德业并增，则家私日起。至于功名富贵，悉由命定，丝毫不能自主。昔某官有一门生为本省学政，托以两孙，当面拜为门生。后其两孙岁考临场大病，科考丁艰，竟不入学。数年后两孙乃皆入，其长者仍得两榜。此可见早迟之际，时刻皆有前定。尽其在我，听其在天，万不可稍生妄想。六弟天分较诸弟更高，今年受黜，未免愤怨，然及此正可困心横虑，大加卧薪尝胆之功，切不可因愤废学。……

（道光二十四年八月二十九日）

优美译文

四位老弟左右：

日前二十七日接到来信，非常畅快，因为信多而且所写的事处处详细明白。

四弟的《七夕诗》写得很好，我的意见已详细批在诗后。四弟如果从此多作诗也很好，但要有志向、有恒心，才会有成就。我对于写诗也下了功夫，只恨当世没有韩愈和苏轼、黄庭坚等人，可以跟他们一起聊发狂言。而且俗事应酬太多，所以我不常作诗，但用心思索写诗之道，那还是时刻不敢忘的。

我们这些人，只有进德、修业这两件事是靠得住的。进德就是指不断修炼孝、悌、仁、义这些品德；修业就是努力提高创作诗词文章的水平。这两件事是可以由我们自己做主的，能够进一尺，就是我自己的一尺；能够进一寸，就是我自己的一寸。今天德行增进一分，就像积了一升谷米；明天学业修行一分，又算存了一文铜钱；品德和学业共同进步，那就好比家业一天比一天兴旺。至于功名富贵，那都是上天注定的，一点也不能由自己控制。以前有位官员，他有个门生是本省专管科举考试的学政。这位官员就让自己的两个孙儿拜门生为师，把孙子们托付给他。不料，后来这两个孙子在岁考前都患了大病，到了科考的时候，又因为父母去世需要尽孝，没有入学。过了几年，二人才同时入学，其中大孙子还连中两榜。可见入学迟

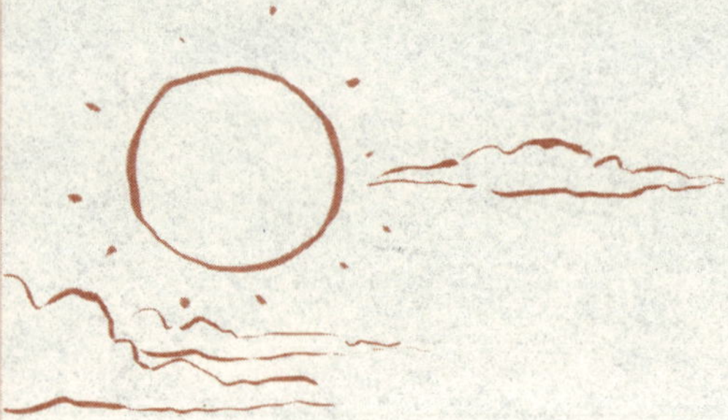

早和入学时间都是命中注定的。能否尽力而为在于自己，但是否能考中就得听天由命，千万不可胡思乱想。六弟的天分比其他弟弟更高些，今年没有考中，难免会有些怨气，但是可以趁此机会尽心竭力，卧薪尝胆，一定不要因为怨愤而放弃学习啊。……

（道光二十四年八月二十日）

真知灼见

中国古代有两种不同的传家理念，一种是传给子孙有形的物质财富，一种是传给后代无形的精神财富。显而易见，坐吃山空，再多的钱财也会用尽，唯有精神财富才可以长久地传承下去。民间有副对联说“忠厚传家久，诗书继世长”，就是这个意思。曾国藩一生写了数以千计的家书，对子弟族人谆谆教诲，所以曾氏后代人才辈出，这就是一笔宝贵的精神财富。

这封书信是曾国藩写给四个弟弟的。他深受孔学影响，十分看重孝悌（孝悌就是孝敬父母、友爱手足）的意义和作用，认为人只有懂得孝悌才能使家庭和睦、兴旺发达。因此，曾国藩对自己的手足兄弟关爱备至，从他给诸弟写的大量书信里可见一斑。他不仅盼望弟弟们成才成名，更希望他们能修身进德，成为具有崇高道德风范的君子。

曾国藩进京做官后，他的四个弟弟曾国潢、曾国华、曾国荃和曾国葆都在家乡读书。曾国藩作为兄长，不能天天亲自教诲弟弟们，觉得特别遗憾。他就让弟弟们把日常所写的文章定期寄到北京，自己再忙也抽空亲自批阅。

可是曾家子弟的科举之路确实颇为坎坷，1844年，曾国潢等人应举，都没有考中。所以在这封信里，曾国藩安慰近期科举落第的家人，不要气馁，他特别提醒性格急躁的六弟（曾国华），鼓励他千万不要放弃学习。同时，曾国藩告诫四位弟弟，要不断提高道德修养和学业水平，因为只有这两件事是最可靠、最能让家族兴旺发达的。

写了这封信后不久，曾国藩觉得家乡的教育水平有限，道光二十五年（1845年），他干脆把曾国潢和曾国华接到北京，与自己同住，在忙于公务之余亲自督促他俩学习，这让弟弟们的学业有了明显的进步。

曾国藩对弟弟们多方关照、耐心督导，弟弟们虽然在科举上一直没有出色的表现，但都成长为踏实勤奋、坚忍不拔的杰出人物。曾国华、曾国荃和曾国葆先后从军，协助曾国藩镇压太平军，战功赫赫；曾国潢则在家乡主持家务，使在军中的兄弟无后顾之忧。曾家后裔也大多成为有用的人，做出了有利于国家和民族的事业。

快乐阅读

落第不落志

曾国藩在十四岁那年（1824 年），开始跟着父亲曾麟书考秀才，可是一连考了五次都没考上。道光十二年（1832 年）曾国藩又到湘乡县参加县试考秀才，在应试中被主考官“悬牌批责”，当众斥责，说他写的文章文理不通，再次落榜。曾麟书听说了这件事，不由得捶胸顿足：“我这大半辈子考了十七次才考上个秀才，你考秀才又考了六次，就是瞎猫，也该碰上死耗子了！咱们曾家为啥就没有中举的命呢？”

屡试不第，这对曾国藩来说，无疑也是巨大的打击。但曾国藩对父亲的抱怨置之不理，他认为科举考试还是公平的，“只有文丑而侥幸者，断无文佳而埋没者”。曾国藩不怨天尤人，反而将落第作为鞭策、激励自己的动力，他定下了坚持每天写字、作诗、读书的学习计划，继续努力。

道光十三年（1833 年），二十三岁的曾国藩在第七次秀才考试中入围，名列倒数第二。考取了秀才之后，曾国藩在功名科举之路上就越走越顺畅了。

坚忍不拔、淡定地面对挫折，是曾国藩走向成功的基石。

致诸弟◎读书必须有恒心

四位老弟足下：

前月寄信，想已接到。余蒙祖宗遗泽[1]，祖、父教训，幸得科名，内顾无所忧，外遇无不如意，一无所觖矣。所望者，再得诸弟强立，同心一力，何患令名之不显？何愁家运之不兴？欲别立课程，多讲规条，使诸弟遵而行之，又恐诸弟习见而生厌心；欲默默而不言，又非长兄督责之道。是以往年常示诸弟以课程，近来则只教以“有恒”二字。所望于诸弟者，但将诸弟每月功课写明告我，则我心大慰矣。

乃诸弟每次写信，从不将自己之业写明，乃好言家事及京中

①遗泽：祖辈遗留下来的恩泽。

诸事。此时家中重庆[1]，外事又有我照料，诸弟一概不管可也。以后写信，但将每月作诗几首、作文几首、看书几卷，详细告我，则我欢喜无量。诸弟或能为科名中人，或能为学问中人，其为父母之令子一也，我之欢喜一也。慎弗以科名稍迟，而遂谓无可自力也。如霞仙今日之身分，则比等闲之秀才高矣。若学问愈进，身分愈高，则等闲之举人、进士又不足论矣。

学问之道无穷，而总以有恒为主。兄往年极无恒，近年略好，而犹未纯熟。自七月初一起，至今则无一日间断：每日临帖百字，抄书百字，看书少亦须满二十页，多则不论。自七月起，至今已看过《王荆公[2]文集》百卷、《归震川[3]文集》四十卷、《诗经大全》二十卷、《后汉书》百卷，皆朱笔加圈批。虽极忙，亦须了本日功课，不以昨日耽搁而今日补做，不以明日有事而今日预做。诸弟若能有恒如此，则虽四弟中等之资，亦当有所成就，况六弟、九弟上等之资乎？

明年肄业之所，不知已有定否？或在家，或在外，无不可者。谓在家不可用功，此巧于卸责者也。吾今在京，日日事务纷冗，而犹可以不间断，况家中万万不及此间之纷冗乎？

①重庆：旧时指祖父母、父母皆健在。 ②王荆公：宋代政治家王安石。 ③归震川：明代学者归有光。

树堂、筠仙自十月起，每十日作文一首，每日看书十五页，亦极有恒。诸弟试将朱子《纲目》过笔圈点，定以有恒，不过数月即圈完矣。若看注疏，每经亦不过数月即完。切勿以家中有事而间断看书之课，又弗以考试将近而间断看书之课。虽走路之日，到店亦可看；考试之日，出场亦可看也。

兄日夜悬望，独此“有恒”二字告诸弟，伏愿诸弟刻刻留心。幸甚幸甚！

兄国藩手草。

（道光二十四年十一月二十一日）

优美译文

四位老弟足下：

前月寄的信，想必已接到。我承蒙祖宗留下的恩泽及祖父和父亲的教诲，幸运地得了科名。家里没有可担忧的，在外的境遇都很如意，算是没有缺憾了。我所希望的，是弟弟们个个自强自立，同心协力，那还怕名声不显扬、家运不兴旺吗？我想另外设立课程，多讲条规，让弟弟们遵行，又恐怕弟弟们嫌烦生厌；想默默不说，又怕失了兄长督责的道义。所以往年我常常限定弟弟们的功课，近来就只强调“有恒”二字。只希望弟弟们把每月所做的功课，明白地写信告诉我，那我就感到很安慰了。

但弟弟们每次写信，从不把自己的学业写明白，只喜欢说家事和京城中的事。现在家里祖父母、父母都健在，外面的事又有我照料，弟弟们可以什么都不用管。以后写信只要把每月写诗几首、作文几篇、看书几卷，详细告诉我，那我就非常高兴了。各位弟弟或者可以考取科名，或者可以研究学问，都是父母的好儿子，我都一样高兴。千万不要因为考取功名迟了，就说自己一无是处。比如刘霞仙，他今天的身份，比一般的秀才就高一些。如果他学问再进，身份更高，那一般的举人进士，又不能与他相提并论了。

为学之道是没有穷尽的，总以有恒为主。兄长往年没有恒心，近几年略好些，但也还没有纯熟。我从七月初一起，至今没有一天间断：每天临帖百字，抄书百字，看书至少二十页，超过不论。自七月起，到现在我已经看过《王荆公文集》百卷、《归震川文集》四十卷、《诗经大全》二十卷、《后汉书》百卷，都用朱笔圈点批注。即便很忙，也要了结当天功课，不因昨天耽搁了，今天补做，也不因明天有事，今天预先做。弟弟们如果能这样持之以恒，哪怕四弟这样的中等资质，也应当有所成就，何况六弟、九弟那样的上等资质呢？

明年读书的地方，不知定了没有？或者在家，或者在外，都无不可。说在家不好用功，这是巧于推卸责任。我在京城，天天事务繁杂，都可以不间断地做好功课，何况弟弟们在家呢？

树堂、筠仙从十月起，每十天作文一篇，每天看书十五页，也很有恒。弟弟们试着把朱子《纲目》看一遍，加上圈点，坚持下去，用不了几个月就看完了。如果看注疏，每种经书也不过几个月就能看完。千万不要因为家中有事而间断看书，也不要因为考试将近而间断看书。就是出门的时候，到旅店也可以看；考试期间，出了考场也可以看。

为兄我日夜牵挂，只有“有恒”二字告诫弟弟们。如果弟弟们能时刻留心，那就太幸运了！

哥哥国藩亲笔。

（道光二十四年十一月二十一日）

真知灼见

曾国藩认为：读书贵在持之以恒。他曾写了七封书信，来阐明自己对“恒”的深刻认识，其中最著名的莫过于这句：“凡人作一事，便须全副精神注在此一事，首尾不懈；不可见异思迁、做这样想那样、坐这山望那山。人而无恒，终身一无所成。”

在家书中，曾国藩还多次用“耐”字来解释“有恒”，强调一句没有弄懂，就不看下句；今天没有弄懂，明天再接着读；今年不精通，明年再读。不能因大考在即，就将没有看完的书放下，必须从头至尾，句句看完。当弟弟们科考不顺时，曾国藩叮嘱弟弟们千万不要就此颓废，开导弟弟们人生的路不止参加科举考试一条，还有做学问一条，两条路哪一条有成绩，都是父母的好儿子，自己作为兄长也同样欢喜，但两条路有一个共同点：不能放弃读书。

在勉励弟弟们读书要“有恒”时，曾国藩不但强调学习贵在持之以恒的重要性，还旁征博引，以别人和自己为参照，尤其是自己，目前已经功成名就，仍在读书有恒，而且在京公务繁忙，依旧课业有恒。

快乐阅读

书生与小偷

有一天晚上，曾家来了一个贼，潜伏在书房的房梁上（也有故事说是躲在床底下），想等曾家人睡着之后偷窃财物。吃完晚饭后，曾国藩走进了书房，开始背书，他把一篇文章朗读了一遍又一遍，总是背不下来。那个贼等了几个时辰，见他就是不睡觉，还是翻来覆去地读那篇文章。贼人又饿又气，实在等得不耐烦了。他跳下房梁，愤怒地训斥曾国藩："你太蠢了，这种水平还读什么书？你看我听了几遍就会背了。"然后贼人果然将那篇文章流畅地背诵了出来，扬长而去。

曾国藩被突然发生的事情惊呆了，等那小贼背完文章跑了，他才反应过来。但他并没有泄气，也没有发怒，而是苦笑着激励自己："这个人听了几遍就能背诵，看来还是我不够用功，需要继续苦读！"

曾国藩曾经引用《礼记·中庸》中的话自勉，原文是"人一能之，己百之；人十能之，己千之。果能此道矣，虽愚必明，虽柔必强"。大意是勤能补拙：别人一遍能做到的，我做一百遍；别人十遍能做到的，我做一千遍。如果真能这样做，即使是愚笨的人也一定变得聪明，即使是柔弱的人也一定变得坚强。

正是不断以"勤""恒"二字自励，资质平庸的曾国藩凭着韧劲和恒心，成就了自己的非凡人生。

致诸弟◎做事需有恒

诸位老弟足下：

……四弟之诗又有长进，第命意不甚高超，声调不甚响亮。命意之高，须要透过一层。如说考试，则须说科名是身外物，不足介怀，则诗意高矣。若说必以得科名为荣，则意浅矣。举此一端，余可类推。腔调则以多读诗为主，熟则响矣。

……六弟九月之信，于自己近来弊病颇能自知，正好用功自医，而犹曰“终日泄泄”，此则我所不解者也。家中之事，弟不必管。天破了自有女娲管，洪水大了自有禹王管，家事有堂上大人管，外事有我管，弟只安心自管功课而已，何必问其他哉？

至于宗族姻党，无论他与我家有隙无隙，在弟辈只宜一概爱之敬之。孔子曰：“泛爱众而亲仁。”孟子曰：“爱人不亲反其仁，礼人不答反其敬。”此刻未理家事，若便多生嫌怨，将来当家立业，岂不个个都是仇人？古来无与宗族乡党为仇之圣贤，弟辈万不可专责他人也。

十一月信言现看《庄子》并《史记》，甚善。但作事必须有恒，不可谓考试在即，便将未看完之书丢下。必须从首至尾，句句看完。若能明年将《史记》看完，则以后看书不可限量，不必问进学与否也。贤弟论袁诗、论作字亦皆有所见，然空言无益，须多做诗多临帖乃可谈耳。譬如人欲进京，一步不行，而在家空言进京程途，亦何益哉？即言之津津，人谁得而信之哉？

九弟之信所以规劝我者甚切，余览之不觉毛骨悚然。然我用功，实脚踏实地，不敢一毫欺人。若如此做去，不作外官，将来道德文章必粗有成就。上不敢欺天地祖父，下不敢欺诸弟与儿子也。而省城之闻望日隆，即我亦不知其所自来。我在京师，惟恐名浮于实，故不先拜一人，不自诩一言，深以过情之闻为耻耳。

……季弟信亦谦虚可爱，然徒谦亦不好，总要努力前进。此全在为兄者倡率之。余他无可取，惟近来日日有恒，可为诸弟倡率。四弟、六弟纵不欲以有恒自立，独不怕坏季弟之样子乎？……

（道光二十四年十二月十八日）

优美译文

诸位老弟足下：

……四弟的诗又有长进，只是诗的立意不够高远，声调不够响亮。立意要高，必须提高一个层次。比如说考试，如果说科名是身外之物，不必耿耿于怀，那么立意就高了。如果说一定要以取得科名为荣幸，那意思就浅薄了。我举这个例子，其余便可类推。声调不响的问题要靠多读诗，熟读古诗，声调自然会响。

……六弟九月的信，对自己近来的毛病颇能自知，那正好趁此机会用功，改掉毛病，为什么说“终日浑噩无所事事”呢，这实在让我不能理解。家中的事务，弟弟们不必去管。天破了，自有女娲去补天；洪水大了，自有禹王去治水。家里事有堂上大人管，外边的事有我管，弟弟们只要安心管好自己的功课，何必去过问其他事情呢？

至于宗族姻亲的人，不管他与我们有没有嫌隙，你们只应当一概地敬爱他们。孔子说：“爱所有的民众，亲近有仁义的人。”孟子说：“我爱别人，别人却不亲近我，我要反躬自省，是不是自己的仁爱还不够；我以礼待别人，别人却不理睬我，我要反躬自省，是不是自己的态度不够恭敬。”现在还没有管理家事，就生了嫌怨，那将来当家立业，岂不是个个都成了仇人？自古以来，没有和宗族、乡党结仇的圣贤之人，弟弟们切不可老是指责别人。

六弟十一月来信说，现在正在看《庄子》和《史记》，很好！但做事必须有恒心，不能因为快考试了，便把没有看完的书丢下。

必须从头到尾，一句一句看完。如果明年能够把《史记》看完，那么以后看书就不可限量了，不必去问是否进学。贤弟讨论袁枚的诗和书法，也都有见解，但是说空话没有益处，必须自己多作诗、多临帖，才可以谈得上体会。比方有人要去京城，在家里坐着一步不走，空说进京的路途如何如何，又有什么用呢？即使说得津津有味，又有谁相信呢？

九弟信中对我的规劝非常切当，我看后不觉为之毛骨悚然。但我用功，实在是脚踏实地，一丝一毫也不敢欺骗别人。如果这么做下去，即便不做外官，将来道德文章上想必也能小有成就。我上不敢欺骗天地和堂上大人，下不敢欺骗诸位老弟与晚辈。我在省城的声望越来越高，就连我自己也不知道这是怎么回事。我在京城，只怕名过其实，所以从不为升官发财拜访任何一个高官，从不自吹一句话，深深以超过实际的称赞为耻。

……季弟的信也谦虚可爱。但一味谦虚也不好，总要努力进步。这全在于做哥哥的引导和做表率。我没有什么别的可取之处，只是近来做事学习天天有恒，可作为弟弟们的表率。四弟、六弟即使不想有恒自立，难道不怕季弟跟着学坏了吗？……

（道光二十四年十二月十八日）

真知灼见

曾国藩说：“人初做事，如鸡孵卵，不舍而生气渐充；如燕营巢，不息而结构渐牢；如滋培之木，不见其长，有时而大；如有本之泉，不舍昼夜，盈科而后进，放乎四海。”

母鸡孵卵时，体温升高，不再产蛋，只是专心致志，持之以恒，不吃不喝，整天蹲在窝里孵蛋。母鸡实在饿极了，急急忙忙找点吃的，又风风火火地跑回鸡窝，继续蹲窝。它不停地翻动翅膀底下的鸡蛋，利用自己的体温，让鸡蛋均匀受热。经过整整二十一天的精心孵化，小鸡破壳而出，崭新的小生命诞生了。

燕子衔泥筑窝也是如此，它们飞至河边、水潭边，啄取湿泥，然后衔回房梁或屋檐下筑巢。建造一个新巢，雌雄燕子通力合作，至少也要花上十几天的工夫，每天往返多次，才能垒起三至四厘米的泥墙。假如筑巢的泥土取得不好，或者所选择的房梁太光滑，还会发生倾巢事故，前功尽弃。这时，燕子会锲而不舍，从头做起，重新筑造新巢。

人初做事，如鸡孵卵，如燕营巢，就是说人做事，要专心致志，持之以恒。功夫不负有心人，时间会给你应有的回报！这就是曾国藩成功的经验之谈。

快乐阅读

水滴石穿

生物学家童第周小的时候，看到屋檐下的石阶上整整齐齐地排列着一行小坑，觉得十分奇怪，便去问父亲。父亲说："这是檐头水滴下来砸的。"水还能把坚硬的石头砸出坑？面对小童第周的疑惑，父亲耐心地解释说："一滴水当然砸不出坑，但是天长日久不断地砸，不但能砸出坑，还能砸出一个洞呢！古人常说的'水滴石穿'就是这个道理。"父亲的一席话在小童第周的心里激起了一阵阵涟漪，他望着父亲，似懂非懂地点了点头。

后来童第周考进了效实中学，成为三年级的插班生，可他的成绩是全班倒数第一。面对成绩单，童第周流下了伤心的泪水。一天深夜，教数学的陈老师回到学校，发现昏黄的路灯下有个瘦小的身影，陈老师走过去一看，原来是童第周正在借着昏暗的灯光演算习题。"这么晚了，你怎么还不休息呢？""陈老师，我要抓紧时间把功课赶上去，我不要当倒数第一名！"陈老师被深深地感动了，他为自己有这样的学生感到自豪。

期末考试到了，童第周终于靠自己的刻苦努力，使各科平均成绩达到了七十分，其中几何得了满分，在全校引起了轰动。高三期末考试，他的总成绩已经名列全班第一。校长陈夏常感慨地说："我当了多年校长，从来没有看到过进步这么快的学生！"

童第周回忆自己少年时代的时候，感慨地说："在效实的两个第一，对我一生有很大影响。那件事使我知道自己并不比别人笨，别人能做到的，我经过努力也一定能做到。世上没有天才，天才是用劳动换来的。"

致叔父◎

救急赈贫不辞劳苦

侄国藩谨启叔父大人座下：

……陈岱云现又有病，虽不似前年之甚，而其气甚馁，亦难骤然复元。湘乡邓铁松孝廉于八月初五出京，竟于十一日卒于献县道中。幸有江岷樵[1]（忠源）同行，一切附身附棺，必诚必信。此人义侠之士，与侄极好。今年新化孝廉邹柳溪在京久病而死，一切皆江君料理，送其灵榇回南。今又扶铁松之病而送其死，真侠士也。扶两友之柩行数千里，亦极难矣。侄曾作邹君墓志铭，兹付两张回家。今年七月忘付黄芽白菜子，八月底记出，已无及矣。

请封之典，要十月十五始可颁恩诏，大约明年秋间始可寄回。

①江岷樵：江忠源，字岷樵，湖南新宁（今属邵阳）人，晚清名将。

闻彭庆三爷令郎入学，此是我境后来之秀，不可不加意培植。望于家中贺礼之外，另封仪贺仪大钱一千，上书侄名，以示奖劝[1]。

余不具。

侄谨启。

（道光二十五年九月十七日）

①奖劝：奖励。

优美译文

侄儿国藩谨启叔父大人座下：

……陈岱云现在又病了，虽然不像前年那样严重，但他很气馁，也难以很快康复。湘乡邓铁松孝廉在八月初五离京，竟在十一日死在去献县的路上。幸亏有江忠源同行，替他料理寿衣棺材等一切事情，操办得极诚极信。江忠源是侠义之士，与侄儿我关系很要好。今年，新化孝廉邹柳溪在京城病了很久后死了，一切后事也都是江君料理，并送他的灵柩回湖南。现在江忠源又照料铁松的病，直到他临终，又给他办丧事，真是侠义之士啊！送两位朋友的棺木走几千里路，也真难啊！侄儿曾写了邹君墓志铭，现寄两张回去。今年七月忘了托人带黄芽白菜种子回家，八月底才记起来，已经来不及了。

请求赐封家人的恩典，要十月十五日才能颁发恩诏，大约要到明年秋天才可寄回家。

听说彭庆三爷的儿子被录取入学了，这是我们家乡的后起之秀，不可不加意培养。希望在家里的贺礼之外，另外封一个一千大钱的礼包，上面写上侄儿我的名字，以示奖励。

其他的不多说了。

侄儿谨启。

（道光二十五年九月十七日）

真知灼见

曾国藩对朋友肝胆相照，赤诚相待。同乡陈源衮的妻子死后，曾国藩把他刚出生一个月的儿子接到自己家里，雇奶妈精心照顾；好友邵懿辰死后，曾国藩照顾了他们全家。

曾国藩有一个朋友叫刘传莹，英年早逝。他听闻消息后，当夜在府里设灵位祭奠刘传莹，又连夜派了一名侍卫，携了他亲笔题写的挽幛，去刘传莹家乡吊丧，同时给刘传莹的家人写了一封信，询问还有什么心事未了。侍卫收拾齐整，正要出门，曾国藩忽然又叫住他，让他带一百两银子给刘传莹的遗属——曾国藩知道刘传莹一直清贫度日，没有什么积蓄，刘家办丧事肯定手头拮据。后来，曾国藩四处奔波，将刘传莹的文章一篇篇地搜集起来，自费给他刻了一套文集。

这封信里提到的新化孝廉邹柳溪，是湖南举人邹兴愚，和曾国藩仅有同乡之谊。他身体不好，家境一般，却非要抱病到北京备考，结果病情加重，又名落孙山。落榜后，邹兴愚觉得无脸回乡，但他钱财已经用光，身体又有病。在走投无路之际，他突然想起湖南学界一直流传着关于曾国藩如何乐于助人、如何慷慨解囊的事迹，于是便求见曾国藩，想碰碰运气。

曾国藩热情和气地接待了邹兴愚，邹兴愚很不好意思地把自己的窘境和盘托出。曾国藩二话没说便赠他五两银子，并告诉邹兴愚，有困难随时说。后来，曾国藩忙于公务，很少与邹兴愚见面，但还是经常派人看望和接济他。

道光二十五年（1845年），邹兴愚贫病交加，死于出租房而无人收尸。曾国藩非常怜悯他，与好友江忠源一起，筹钱出力帮他办了体面的葬礼，还撰写了墓志铭，并请江忠源送其灵柩回湖南老家。

在这封给叔父的信里，曾国藩对自己多次资助同乡、好友的义举只字未提，却反复向叔父称赞江忠源的侠义行为，说江忠源先后两次十分仗义地为别人操办丧事、扶柩还乡，真是不容易。可我们更应该从这封信中看到曾国藩救急赈贫的仁义之举，看到他做了好事却谦虚低调、不愿自吹自擂的高尚美德。

此前曾国藩慷慨解囊的事迹，大多在京城士人圈中流传，但是随着邹兴愚灵柩的回乡，这些事迹也在湖南境内广为流传。曾国藩仁义为先、助人为乐的名气愈来愈大，受到了大家的尊重和敬佩。道光二十六年（1846年），曾国藩成为在京湖南官员的领袖，湖南籍官员每年给皇帝上的谢恩折就由曾国藩撰写。

快乐阅读

晏子进谏

晏子是春秋时期齐国的宰相，一生辅佐过齐灵公、齐庄公、齐景公三位国君，为人刚正，善于进谏，是齐国的名臣。

齐景公在位的时候，有一次雪下了好几天还不放晴。景公披着白色的狐皮大衣坐在朝堂一旁的台阶上。晏子进去朝见，站立了一会儿，景公说：“奇怪啊！雪下了几天，但是天气一点儿也不冷。”

晏子说：“我听说古代贤德的国君，自己吃得饱却能知道穷人的饥饿，自己穿得暖却知道穷人的寒冷，自己过得安逸却知道百姓的劳苦。大王您却不知道呀。”

景公说：“说得好！我明白你的意思了。我不知道百姓疾苦，实在太惭愧了！”

于是，景公下令发放皮衣、粮食，给那些挨饿受冻的人。

晏子有一颗善良仁慈的心，他给许许多多的人带来了温暖。这个故事也告诉我们：在安逸的生活中，我们也要学会换位思考，知道别人的困难和需要，不能自私自利，只追求自身的满足和享乐，要先天下之忧而忧，后天下之乐而乐。

致诸弟◎切勿占人便宜

澄侯、子植、季洪三弟足下：

……二十五日接到澄弟六月一日所发信，具悉一切，欣慰之至。

发卷[①]所走各家，一半系余旧友，惟屡次扰人，心殊不安。我自从己亥年在外把戏，至今以为恨事。将来万一作外官，或督抚，或学政，从前施情于我者，或数百，或数千，皆钓饵[②]也。渠若到任上来，不应则失之刻薄，应之则施一报十，尚不足以满其欲。故兄自庚子到京以来，于今八年，不肯轻受人惠，情愿人占我的便益，断不肯我占人的便益。将来若作外官，京城以内无责报于我者。澄弟在京年余，亦得略见其概矣。此次澄弟所受各家之情，

①发卷：疑指科举时代生员入学后发给亲友催送礼金的帖子。 ②钓饵：钓鱼的食饵。

成事不说。以后凡事不可占人半点便益，不可轻取人财，切记切记！

……京寓中大小平安。纪泽读书已至“宗族称孝焉”，大女儿读书已至“吾十有五”。前三月买驴子一头，顷赵炳堃又送一头。二品本应坐绿呢车，兄一切向来简朴，故仍坐蓝呢车。寓中用度比前较大，每年进项亦较多（每年俸银三百两、饭银一百两）。其他外间进项尚与从前相似。

同乡诸人皆如旧。李竹屋在苏寄信来，立夫先生许以干馆。

余不一一。

兄国藩手草。

（道光二十七年六月二十七日）

优美译文

澄侯、子植、季洪三位弟弟足下：

……我二十五日接到澄弟六月一日所发的信件，了解了一切，十分欣慰！

发卷所走各家，一半是我的老朋友，只是屡次打扰别人，心里很不安。我自从己亥年到外面周游，至今仍然感到遗憾。将来万一我做外官，或做督抚，或做学政，以前对我有过恩惠的人，有的送过几百银钱，有的几千，都像钓鱼的食饵。他如果到我的衙门上来，不答应他的要求吧，那就有点刻薄忘恩了；答应他的要求吧，给他十倍的报偿，还未必能满足他的欲望。所以自从兄长我到京城以来，至今已有八年，我从不肯轻易受别人的恩惠，情愿别人占我的便宜，也决不去占别人的便宜。这样将来如果做外官，京城以内便不会有责备我不报恩的人。澄弟在京城一年多，也大概知道的。这次澄弟所收各家的人情恩惠，既成事实，就不说了。以后凡事不可以占人半点便宜，不可轻易接受他人钱财，切记切记！

……京城家里大小平安。纪泽读书已读到《论语》的“宗族称孝焉”这一章，大女儿读书已读到《论语》的“吾十有五”这一章。三月里我买了一头驴子，前不久赵炳堃又送一头。二品官员本应坐绿呢轿子，但我平时一切简朴，所以仍旧坐蓝呢轿子。家中开支比过去大了，每年俸禄收入也多些了，其他收入还和以前一样。

几位同乡都还是老样子。李竹屋在苏州寄信来，立夫先生同意给他干馆待遇。

其余的不一一写了。

哥哥国藩亲笔。

（道光二十七年六月二十七日）

真知灼见

古代读书人考中了科举，往往会走亲访友，汇报好消息，顺便收取礼金。

《儒林外史》里的范进本是个穷秀才，家徒四壁，三天两头揭不开锅。中举之后，富豪张乡绅不请自来，主动来到范进的家里，与他套近乎，说什么“我和你是亲切的世弟兄”“你我年谊世好，就如至亲骨肉一般”。不仅如此，张乡绅还以五十两纹银作贺礼赠予范进，又献上“三进三间”的宽敞房屋，供范家免费居住。张乡绅不惜血本地拉拢素不相识的范进，目的就是投资，希望等范进做官以后，自己能够得到更多的好处。他相信，初涉宦海的范进对自己今后的生活有着很大的利用价值。

1838年，曾国藩喜中进士之后，荣归故里。祖父曾玉屏喜不自胜，要把自家荣耀分享给所有亲戚，所以曾国藩在接下来的几个月里，都在拜客访亲。他不仅在本地本县拜客，还跑到湖南中部和南部，甚至湖北和河南的很多远房亲戚家去。每到一处，他都受到当地亲眷的隆重接待，还能收到数目可观的礼金。曾国藩在家书和日记里详细记录了这段时间的行程和收获。比如道光二十年（1840年）二月初九日，他在写给父母的信中说：“十二日至河南省城，拜客耽误四天，获百余金。”这些宴请送礼的亲戚当然也是有目的的，希望曾国藩飞黄腾达之后，能关照家族，提拔亲人。

后来，曾国藩对自己当年拜客收礼的行为十分后悔，因为亲戚们如果提出过分的要求，就会让他陷入窘境，甚至有可能做一些违反法律的事。因此，回到京城后，曾国藩再也不肯轻易收受别人的恩惠。他在这封信里也告诫弟弟们，千万不要占别人的便宜，更不要收别人的钱财，以免得不偿失。

按清朝的制度，不同等级、不同身份的人使用不同的轿子和车。三品以上官员乘坐绿皮轿子，俗称绿呢官轿；三品以下官员乘坐蓝皮轿子，称为蓝呢官轿，这显示出封建社会里森严的等级制度。曾国藩一直以简朴著称，他升任内阁学士兼礼部侍郎后，官居二品，按规定可以坐绿呢官轿，但他还是坚持坐蓝呢官轿。

快乐阅读

雨夜的选择

清代文学家纪晓岚的老师陈文勤先生有一个同乡，一生没做什么大的恶事，但是事事想占人便宜，害怕吃亏。

有一年，这个同乡和几位朋友去参加科举考试，半路上投宿在一家旅店。晚上突然天降大雨，旅店房顶全都漏起雨来，只有紧靠北墙的地方没有漏水。这个同乡忽然说他着了凉，便躺在靠北墙根的床上蒙被发汗。大家明知他是装病，想占着好位置休息，但因为素知他的秉性，就没有让他移开。

雨越下越大，房顶漏雨也越来越厉害，大家就好像坐在露天的场地里一样，被雨淋了个透湿，那个好占便宜的人却像没事人似的装病睡觉。可就在他独自美美酣睡的时候，北墙却轰然倒塌下来，他正好被压在墙下，砸得头破血流，一条腿和一只胳膊也被压骨折了。

这事足以让居心巧诈的人引以为鉴。喜欢占人便宜的人会损德、失德，这样反倒会遭到恶报；而不想占便宜的人，生活往往不会亏待他。

左宗棠说："与人共事，要学吃亏。终身让路，不枉百步；终身让畔，不失一段。"让一辈子的路，也不过百步；让一辈子的田界，总计也不会失去一块地。人穷可以，但别总想着占人便宜，这是独善其身的教养。

致诸弟◎
无时不想回家省亲

澄侯、子植、季洪足下：

……温弟近定黄正斋家馆，每月俸银五两。温弟自去岁以来，时存牢骚抑郁之意。太史公[①]所谓“居则忽忽若有所亡，出则不知其所往”者，温甫颇有此象。举业工夫，大为抛荒。间或思一振奋，而兴致不能鼓舞。余深以为虑，每劝其痛着祖鞭，并心一往。温弟辄言思得一馆，使身有管束，庶心有维系。余思自为京官，光景尚不十分窘迫，焉有不能养一胞弟而必与寒士争馆地？向人求荐，实难启口，是以久不为之谋馆。

……余自去岁以来，日日想归省亲，所以不能者：一则京账将

①太史公：即司马迁。

近一千，归家途费又须数百，甚难措办。二则二品归籍，必须具折，折中难于措辞。私心所愿者，得一学差，三年任满，归家省亲，上也。若其不能，则或明年得一外省主考，能办途费，后年必归，次也。若二者不能，只望六弟、九弟明年得中一人，后年得一京官，支持门面，余则归家告养，他日再定行止。如三者皆不得，则直待六年之后，至母亲七十之年，余誓具折告养，虽负债累万，归无储粟，亦断断不顾矣。然此实不得已之计。若能于前三者之中得其一者，则后年可见堂上各大人，乃如天之福也！不审①祖宗默佑否？

现在寓中一切平安，癣疾上半身全好，惟腰下尚有纤痕。家门之福，可谓全盛，而余心归省之情，难以自慰，因偶书及，遂备陈之。

毅然伯之项，去年已至余寓，今始觅便寄南。家中可将书封好，即行送去。

余不详尽，诸惟心照。

兄国藩手草。

（道光二十八年正月廿一日）

①不审：不知。

优美译文

澄侯、子植、季洪足下：

……温弟最近确定到黄正斋家中当私人教师，每月薪水五两银子。温弟自从去年以来，常有一肚子牢骚和抑郁不得志的情绪，像太史公所讲的，"在家好像丢失了什么，出门又不知去哪里"一样，温弟的状态和这很像。应考的学业被大为抛弃和荒废。偶尔他也想振作一番，但兴致总是提不起来。我深深地感到忧虑，经常劝他痛下决心争取进步，一心一意奔前程。温弟则说他想得到一个教席，使自己有所管束，使思想有所维系。我想自己自从做了京官，还不算太穷困，难道养不起一个同胞弟弟，而让他与贫寒的士人去争夺一个教席？向别人求荐差事，我难以启齿，所以许久都没有去做。

……我自从去年以来，天天想回家探亲，之所以不能回家，一是京城欠的债将近一千，回家路费又要几百，恐难筹集。二是二品官回籍，必须写奏折，奏折难于措辞。自己内心所想的，是得一个学差，三年任满，回家探亲，这是上策。如果不行，或者明年能得到一个外省主考的职位，也能筹集路费，后年必定回家，这是中策。如果两条都不可能，只希望六弟、九弟明年二人之中考取一人，后年得一个京官，支撑门面，我便告养归家，以后再定行止。如果三条都不行，那只有等六年之后，到母亲七十岁时，我发誓要奏明皇上，告老归家。虽说欠债上万，没有一文钱的路费，也决不顾及了。然而这实在是不得已的谋划。如果能在前面的三条之中得其中一条，

那么后年就可以见到堂上大人，真是天大的福气了！不知祖宗能不能暗中保佑我？

现在家中一切平安，我的癣疾上半身全部好了，只是腰下面还有一点点。我家的福气，可说是全盛时期，而我回家探亲的心情，难以自慰，因为偶尔写到这里，便详细地禀告一番。

毅然伯之款项去年已到了我住处，今年才找到机会寄回。家中可将信封好，马上送去。

其余不详细说了，彼此心照不宣。

哥哥国藩亲笔。

（道光二十八年正月二十一日）

真知灼见

做京官只有固定薪俸，没有外快收入，所以曾国藩在京为官十三年，虽然力行简朴，却总是手头拮据。刚开始曾国藩是七品京官，年俸仅为白银四十五两，外加作为津贴的“恩俸”和“禄米”，也不过一百三十五两。张之洞曾算过账：京官用度开销很大，即使十分节俭清苦，每天也须一两银子，一年最少要有三百余两的收入，才能勉强自给。后来曾国藩虽然屡次升迁，但年俸一般只有一百多两白银，高也不过四五百两。这点银子，要寄一部分回家孝敬父母，还要养全家大大小小十几口人，还得养车租房、交际应酬，根本不够花。

其他京官为了增加收入，往往收受别人的馈赠，替人办事。而曾国藩清廉耿直，很少利用手中权力为人办事，所以很少接受馈赠，四处借债成为他弥补收支赤字的主要方式。道光二十二年（1842 年）年底，曾国藩已累计借银四百两。而道光二十八年（1848 年）年初，他的赤字已经达到一千两之多。这一时期，他在家书中多次提到“借”“欠”“窘”等字，艰难之状跃然纸上。

外债这么多，回家一趟又需要几百两路费，所以曾国藩虽然无时无刻不想着回乡探望亲人，却一直无法成行。在这封信里，曾国藩一是告诫六弟曾国华不要荒废光阴，趁给人当教师的机会，要好好温习举业。二是告诉弟弟们，说自己盘算着，如果能得一个学差或者主考的差事，到外地去出差就最好，能得到一些补贴，筹集路费回家；或者弟弟们能有一人考中进士、进京做官，那自己也可以回家奉养老人。实在不行，他发誓到母亲七十岁的时候，即使欠一大笔债，没有一分钱路费，也一定要辞官回家孝养高堂。信里这些看起来啰啰唆唆的话，无不体现出曾国藩对弟弟们的殷殷厚望和对父母长辈的拳拳孝心。

快乐阅读

江革孝母

《二十四孝》里有一个汉朝的大孝子，叫江革，他很小就没了父亲，与母亲相依为命。那时候，天下大乱，盗贼四起，江革背着母亲离家逃难。没想到路上多次遇到盗贼，要把江革抓走，拉他入伙。江革流着眼泪说："我有年迈老母需要供养，请各位放我一条生路吧。"盗贼看他这么孝顺，就不忍杀害他，把他们母子放走了。

后来江革辗转来到下邳这个地方，生活更加穷困。他衣不遮体，光着脚到富人家里打工，挣钱来赡养母亲。虽然生活困难，但凡是母亲需要的东西，仍旧一样不缺。母亲夜里醒来，说她想吃一盘油煎包子，江革一大早就赤着脚跑到街上去买。他怕包子凉了不好吃，就用干荷叶包着揣在怀里暖着，拿回家来让母亲趁热吃。东家看江革平时干活卖力，一天午饭时给他多加了一片肉，他舍不得吃，又带回家给母亲解馋。母亲去世后，江革担忧母亲在九泉下孤独，就住在母亲墓旁，日夜相伴，睡觉时连孝服也不脱。后来有人见他孝行深笃，就举荐他做"孝廉"，世称"江巨孝"。

林语堂曾说："一个自然人必定会爱自己的儿女，但只有受文化熏陶的人才会孝养父母。"孝，是深入中华文化骨髓的传统美德。

致诸弟◎要清白做人

澄侯、子植、季洪三弟左右：

……澄弟在广东处置一切，甚有道理。……《论语》曰：“言忠信，行笃敬，虽蛮貊[1]之邦行矣。”吾弟出外，一切如此，吾何虑哉！……

季洪考试不利，区区得失，无足介怀。补发之案有名，不去复试，甚为得体。今年院试若能得意，固为大幸。即使不遽获售，去年家中既隽[2]一人，则今岁小挫，亦盈虚自然之理，不必抑郁。

植弟书法甚佳，然向例未经过岁考者，不合选拔。弟若去考拔，则同人必指而目之。及其不得，人不以为不合例而失，且以为写

①蛮貊：野蛮异族。 ②隽：科举时指考中。

作不佳而黜。吾明知其不合例，何必受人一番指目乎？……

我县新官加赋，我家不必答言，任他加多少，我家依而行之。如有告官者，我家不必入场。凡大员之家，无半字涉公庭，乃为得体；为民除害之说，为所辖之属言之，非谓去本地方官也。……

纪梁读书，每日百二十字，与泽儿正是一样，只要有恒，不必贪多。

澄弟亦须常看《五种遗规》及《呻吟语》，洗尽浮华，朴实诰练，上承祖父，下型子弟，吾于澄实有厚望焉！

兄国藩手草。

（道光二十八年五月初十日）

优美译文

澄侯、子植、季洪三位弟弟左右：

……澄弟在广东处置一切事务，都比较合理。……《论语》说："言语忠诚老实，行为忠厚严肃，就算到了野蛮人的国度，也行得通。"弟弟在外面，处理一切事务都能这样，我还顾虑什么呢！……

季洪考试失利，小小的得失，不必放在心上。补发的榜上有名字而没有去复试，很是得体。今年院试如果能考中，固然是幸运的事，即使没有考好，去年家里既然已考中一人，那么今年有点小挫折，也是有盈有亏的自然之理，不必忧郁。

植弟书法很好，但一直以来的惯例，没有通过岁考的人，不符合选拔条件。弟弟如果去考拔贡，那么同考的人必然对你指指点点，都盯着你。万一考不取，别人不会认为你是不合惯例而未被录取，还以为你是因文章写得不好或者书法写得差而落榜。我们明知不合惯例，何必因此受人一番指责呢？……

我县新官增加赋税，我家不要去干预，随他加多少，我家都照给。如果有告状的，我家不要掺和进去。凡有大官的家庭，要做到没有半个字涉及公庭，才算得体。所谓"为民除害"，是指除掉自己管辖内的下属，不是要除去家乡的地方官。……

纪梁读书，每天一百二十字，与泽儿正好一样，只要有恒心，不必贪多。

澄弟你必须常看《五种遗规》和《呻吟语》，把浮华的习气洗净，

朴实干练，上可继承祖辈风范，下可为子弟树立榜样，我对于澄弟寄予厚望。

哥哥国藩亲笔。

（道光二十八年五月初十日）

真知灼见

曾国藩本人资质平庸，反应迟钝，但他是一个很有韧性、绝不服输的人。他光考秀才就考了七次，才以最末等过关；会试又考了三次，才以很靠后的名次中进士。可以说，曾国藩的科举之路是在无数次的失败和挫折中，磕磕绊绊地走出来的。

曾国藩的家人在科举方面的运气也特别不好：他父亲曾麟书考秀才考了十几次；他的四个弟弟先后参加了许多次考试，也一直没有考中。在曾国藩的家书里，我们多次看到曾国藩记录弟弟们的科举不顺。

1848 年年初，曾国藩最小的弟弟曾国葆考秀才又失败了，曾国藩在信中安抚他说，人不可以太贪心，去年九弟曾国荃在府试中得了第一名，一个家庭不可能年年如此幸运，所以即使今年不中也是正常的。他还劝弟弟千万不要因为小小的失利灰心丧气、一蹶不振。当年八月，在长兄的细心教诲之下，通过自己的努力，曾国葆参加府试，终于考取第九名，取得诸生身份。

这一年，曾国藩已是内阁学士兼礼部侍郎，官居二品，“名望渐崇”。但他谨慎低调、好学不倦，采辑古今名臣大儒言论，分条编录为《曾氏家训长编》，分为修身、齐家、治国三章，共有三十二节，其内容主要是教育弟弟和子女的。道光皇帝听说之后，也连连称赞曾国藩为国为家呕心沥血，真是忠孝两全。

快乐阅读

蜘蛛的启示

18 世纪末至 19 世纪初的欧洲大陆，是法兰西第一帝国皇帝拿破仑一世的天下。这个来自科西嘉岛的小个子率领着他的法国军团，攻无不克、战无不胜。法国大军横扫整个欧洲战场，迫使欧洲的其他国家结成同盟，共同对付拿破仑。

当时，指挥同盟军的是威灵顿将军。威灵顿指挥的同盟大军在拿破仑面前一败再败。在一次大决战中，同盟军再次遭受惨重的失败。威灵顿杀出一条血路，率领小股军队冲破包围，逃到一个山庄里。疲惫不堪的威灵顿躲到一家农户的草堆里避雨，万念俱灰，想到今天的惨败，顿时悲从中来，想自杀一死了之。

正在愁容满面、痛恨不已时，威灵顿发现墙角有一只蜘蛛在结网。也许是因为丝线太柔嫩，刚刚拉到墙角一边的丝线，经风一吹便断了。蜘蛛又重新忙了起来，但新的网还是没有结成。

威灵顿望着这只失败的蜘蛛，不禁又想起自己的失败，更加唏嘘不已。但蜘蛛并没有放弃，它又开始了第三次结网。威灵顿静静地看着，心想：蜘蛛啊，别费心思了，你是不会成功的。蜘蛛的这次努力依然以失败而告终，但它丝毫没有放弃的意思，又开始了新的忙碌。

蜘蛛就这样来回忙碌着，不知不觉间，已失败六次。该放弃了吧？威灵顿想。但是蜘蛛没有，它仍旧在原处不慌不忙地吐着丝，然后爬向另一头。第七次，蜘蛛网终于结成了！小蜘蛛像国王一样护着它的网。

威灵顿看到这一切，不禁流下了热泪，他被蜘蛛越挫越勇、永不放弃的精神深深地感动了。他朝蜘蛛深深地鞠了一躬，迅速地走了出去，集结被冲垮的部队。之后的战争仍然异常艰苦，但威灵顿再也没有退缩过，他指挥着反法同盟军与法军苦战，终于在滑铁卢一战，大败拿破仑，取得了决定性的胜利。

是这只蜘蛛的出现改变了威灵顿的命运吗？不，是面对挫折时的勇气、毫不气馁的毅力，让威灵顿重新振作起来，进而改变了整个欧洲的命运！

致诸弟◎节俭置田以济贫民

澄侯、温甫、子植、季洪四位老弟足下：

……祖父大人之病，日见增加，远人闻之，实深忧惧。前六月廿日所付之鹿茸片，不知何日可到，亦未知可微有功否？

……乡间之谷贵至三千五百，此亘古未有者，小民何以聊生？吾自入官以来，即思为曾氏置一义田，以赡救孟学公[①]以下贫民；为本境置义田，以赡救廿四都贫民。不料世道日苦，予之处境未裕。无论为京官者自治不暇，即使外放，或为学政，或为督抚，而如今年三江两湖之大水灾，几于鸿嗷半天下[②]，为大官者，更何忍于廉俸之外多取半文乎！是义田之愿，恐终不能偿。然予之定计，

①孟学公：曾国藩的烈祖（曾祖父的曾祖父），是曾氏从衡阳迁到湘乡的第一代祖先。
②鸿嗷半天下：形容人民因遭遇水灾而发出的悲惨的哀声响彻半个天下。

苟仕宦所入，每年除供奉堂上甘旨外，或稍有赢余，吾断不肯买一亩田、积一文钱，必皆留为义田之用。此我之定计，望诸弟皆体谅之。

……江南、浙江、湖北皆展于九月举行乡试。闻江南水灾尤甚，恐须再展至十月。各省大灾，皇上焦劳，臣子更宜忧惕之时，故一切外差，皆绝不萌妄想，望家中亦不必悬盼。

书不详尽。

兄国藩手草。

（道光二十九年七月十五日）

优美译文

澄侯、温甫、子植、季洪四位老弟足下：

……祖父大人的病，日见加重，远方的我听了，深感忧虑。之前六月二十日所寄的鹿茸片，不知什么时候可到，也不知道会不会有一点功效？

……乡间的谷价，贵到三千五百文钱，这是自古以来没有过的，老百姓将靠什么生活啊？我自从当官以来，就想为曾氏置办一处义田，以救助孟学公以下的贫民；还想为本地置办义田，以救助二十四都的贫民。没想到世道一天比一天艰苦，我的处境也并不富裕。不要说当京官时，我顾好自家生计还来不及；就是外放当官时，或做学政，或做督抚，像今年三江两湖的大水灾，难民悲惨的哀声响彻半个中国，做大官的，又怎么忍心在俸禄之外多拿半文呢？所以置办义田的愿望，恐怕终究难以实现。然而，我的计划是，我的官俸收入，每年除供堂上大人的衣食之外，只要稍有盈余，我决不肯买一亩田、积蓄一文钱，一定都留着当作办义田的资金。我已下决心，希望弟弟们体谅。

……江南、浙江、湖北都延迟到九月举行乡试。听说江南水灾情况尤其严重，恐怕乡试会再延到十月。各省大灾，皇上焦急劳苦，更是臣子们忧虑的时候。所以一切外差，我都不存妄想，家中也不必悬盼。

信不能一一写得很详尽。

哥哥国藩亲笔。

（道光二十九年七月十五日）

真知灼见

仁，意思是仁爱慈善、悲天悯人，是儒学的核心思想，孔子把“仁”作为最高的道德标准和道德境界。君子从不背离仁德，即使身处颠沛流离的困境，也一定会按仁德办事。孔子和孟子都说“仁者爱人”，仁爱的人充满慈悲之心，爱护天下所有人。

因此，古代的儒家知识分子都把“仁”字作为自己的道德准则。

唐代大诗人杜甫年少时便怀有经世济民的志向，希望“致君尧舜上，再使风俗淳”，实现儒家兼善天下的理想。可惜杜甫一生仕途坎坷，他看到小儿子饿死家中，由个人家庭的悲惨际遇推及天下百姓的痛苦，写下“朱门酒肉臭，路有冻死骨”这样殷切忧虑国家前途的诗句。在凄风冷雨的夜里，杜甫居住的草堂漏雨，雨脚如麻，但他心忧的仍是黎民之苦，高吟“安得广厦千万间，大庇天下寒士俱欢颜”，愿天下穷苦的人都能得到“风雨不动安如山”的栖身之处，即使“吾庐独破受冻死亦足”。无论自己的境遇如何，诗人始终忧国忧民，守着那份悲天悯人的仁爱胸怀，期盼有朝一日可以周济天下。

曾国藩也是这样一位胸怀百姓、心忧天下的仁人君子。

据中华民国时期编写的《怀宁县志》记载：道光二十九年（1849年），大水淹没了当地的田地房屋，市镇水深处达一丈有余。这一年的《清史稿》写道，因为水灾情况严重、受灾范围广，朝廷不但为灾区借籽种，还要赈灾发粮，并缓收新旧税赋。

这一年对三十九岁的曾国藩来说，是颇有好运的一年。正月里他就奉旨升官，成了正三品的礼部右侍郎。但是曾国藩并没有为一己的荣耀忘乎所以，他看到乡间谷价飞涨，不由得为百姓的生活忧心忡忡；他听说水灾情况严重，既担忧皇帝，又深感责任重大。从入京为官以来，他就想置办义田，一部分为曾氏家族的贫民提供衣食，另一部分为本地赈灾救难。只是他为官清廉，俸银有限，自己的日子都过得紧巴巴的，一直靠借债周转。眼看全国水灾泛滥，民不聊生，他办义田的想法更加迫切。他给弟弟们写信，诉说百姓之苦和自己置办义田的愿望，并下定决心：以后除了日常生活和供养长辈，收入一概不买私产，全部积攒起来作为购买义田的资金。这一年的十月十一日，曾国藩捐出巨资，修缮了位于北京的湖广会馆，供来京的老乡们暂时落脚、联络乡谊和举行聚会。

除了关心同情百姓、忠心于皇帝和朝廷，在这封信的开头，曾国藩还表达了自己对祖父健康的担忧和对家人的挂念。纵观全信，曾国藩不愧是古代知识分子至善至孝、有仁有义的君子典范！

快乐阅读

范仲淹的忧与乐

范仲淹是北宋时的政治家、军事家和文学家，生平不重钱财、乐善好施，贫穷的族人、贤能的外人，他都无私地予以帮助。

他做了大官之后，在苏州老家购置了一千亩良田，称作“义田”。义田每年收入的粮食用来供养救济本家族的穷人，使他们天天有饭吃，年年有衣穿，嫁女、娶妻、生病、丧葬都予以资助。

当初，范仲淹还未做官显达时，就曾有办义田的想法，但没有经济实力。后来他做了陕西边境的统帅，又入朝参与主持朝政，有了比较高的俸禄和赏赐，才终于实现了二十多年前自己办义田的愿望。他去世之后，后代的子孙继承他的志向，仍然保持义田的正常耕种和对族人的救济。

范仲淹虽然地位高、俸禄多，却一生清贫度日。平日范家人吃饭，如果没有来客人，是不准上两样荤菜的。听说还没过门的二儿媳妇用罗绮做了一顶帐子，范仲淹认为她败坏家风，并声称她如果带进门就要给她当众烧掉。他在朝中做官时，多次给苏州的家人写信，让他们告诫族中子弟要正直友善、做官清廉。他还提醒家人“惟能忍穷”，才能免去灾祸。

范仲淹逝世的时候，甚至没有钱买一口好棺材，子女们也没有钱为他办一场像样的丧事。他留给子女的，没有金银财宝，只有救寒济贫的仁义之心。他倡导的"先天下之忧而忧，后天下之乐而乐"的思想和悲天悯人的高尚情操，对后世影响深远。

致诸弟◎
劝宜力除牢骚

澄侯、温甫、子植、季洪四弟足下：

日来京寓大小平安。癣疾又已微发，幸不为害，听之而已。

湖南榜发，吾邑竟不中一人。沅弟书中言温弟之文典丽矞皇①，亦尔被抑，不知我诸弟中将来科名究竟何如？以祖宗之积累及父亲、叔父之居心②立行③，则诸弟应可多食厥报。以诸弟之年华正盛，即稍迟一科，亦未遽为过时。特兄自近年以来事务日多，精神日耗，常常望诸弟有继起者，长住京城，为我助一臂之力。且望诸弟分此重任，余亦欲稍稍息肩④，乃不得一售，使我中心无倚。

盖植弟今年一病，百事荒废，场中又患眼疾，自难见长。温

①矞（yù）皇：辉煌，光辉。 ②居心：指安心。 ③立行：建德修行。 ④息肩：卸去负担。

弟天分本甲于诸弟，惟牢骚太多，性情太懒。前在京华，不好看书，又不作文，余心即甚忧之。近闻还家以后，亦复牢骚如常，或数月不搦管[①]为文。吾家之无人继起，诸弟犹可稍宽其责，温弟则实自弃，不得尽诿其咎于命运。

吾尝见友朋中牢骚太甚者，其后必多抑塞[②]，如吴柷（yùn）台、凌荻舟之流，指不胜屈。盖无故而怨天，则天必不许；无故而尤人，则人必不服。感应之理，自然随之。温弟所处，乃读书人中最顺之境，乃动则怨尤满腹，百不如意，实我之所不解。以后务宜力除此病，以吴柷台、凌荻舟为眼前之大戒。凡遇牢骚欲发之时，则反躬自思：吾果有何不足而蓄此不平之气？猛然内省，决然去之。不惟平心谦抑，可以早得科名，亦且养此和气[③]，可以稍减病患。万望温弟再三细想，勿以吾言为老生常谈，不值一哂[④]也。……

（咸丰元年九月初五日）

①搦（nuò）管：握笔。 ②抑塞：心情忧郁，内气不通畅。 ③和气：元气、中气。中医谓人体内能使各器官发挥机能的原动力。 ④不值一哂（shěn）：不值得一笑，比喻毫无价值，也表示对某种事物或行为的轻蔑和讥笑。

优美译文

澄侯、温甫、子植、季洪四位弟弟足下：

近来京城家里大小平安，我的癣疾又开始发作，幸亏还不太厉害，由它去吧。

湖南今科已经发榜，我们县竟然一个也没有考中。沅弟信中说温弟的文章典丽堂皇，居然也没选中，不知道各位弟弟将来的科名到底如何？以祖宗的积德，父亲、叔父的居心和立行，各位弟弟将来应该可以得到福报，获取功名。各位弟弟都还风华正茂，就算稍微迟一两科考取功名，也不能说是迟了。只是愚兄近年以来，事务越来越繁多，精神越来越损耗，常常希望各位弟弟中能有继我而起的人，长住在京城，助我一臂之力。并且希望各位弟弟分点我身上的重任，我也想稍微轻松一点，没想到弟弟们一个都没有考中，使我心里感到没有倚靠。

植弟今年生病，百事荒废，考试时又患眼病，自然难以见到进步。温弟的天分在弟弟中算好的，只是牢骚太多，性情太懒。从前在京城就不爱读书，也不写文章，当时我就很替他担忧。近来听说他回家后，还是经常发牢骚，常常几个月不拿笔写文章。我家之所以无人继起，其他几位弟弟的责任还可以较轻，温弟实在是自暴自弃，不能把责任推诿到命运不好。

我常常看见朋友中爱发牢骚的人，后来必然命运坎坷。比如吴柸台、凌荻舟这样的人，数也数不清。无缘无故而埋怨老天，老天

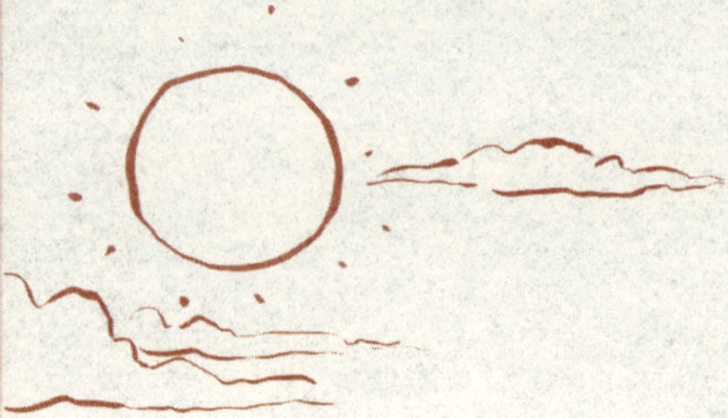

也不会答应；无缘无故责怪别人，别人也不会心服。感应相报之理，很自然地体现到每个人身上。温弟目前所处的环境，是读书人中最顺利的了，还动不动就牢骚满腹，百般不如意，实在令我不能理解。以后务必努力改掉这个毛病，以吴杕台、凌荻舟为前车之鉴。凡遇到要发牢骚之时，就自我反省：我有哪些不足，凭什么积蓄了这么多不平之气？要猛然自省，决然去掉牢骚之气。这样不仅可以平静下来，谦虚淡定，早得科名，也可以让自己心平气和，稍微减少病痛。万望温弟再三思量，不要把我的话当作老生常谈，认为不值得理会。……

（咸丰元年九月初五日）

真知灼见

道光皇帝在位时，对曾国藩十分器重，短短十年间，曾国藩从翰林院庶吉士这样的候补官员，一路升到兵部右侍郎，升迁速度之飞快，成就高位之年轻，是整个清朝绝无仅有的。

好景不长，1850 年，道光皇帝去世，咸丰皇帝继位，他对曾国藩的评价是“毫无独到见解，迂腐欠通”，很不喜欢他。曾国藩满腹经纶得不到施展的机会，心中颇为郁闷。他的老师和恩人穆彰阿劝诫曾国藩要小心谨慎，不要冒失。

身处困境的曾国藩没有沉沦，反倒积极向皇帝直言进谏，先后上了《应诏陈言疏》《议汰兵疏》和《敬呈圣德三端预防流弊疏》等奏折，批评国家当时的腐败现状，希望皇帝整顿吏治、精减军队，甚至严厉指责咸丰皇帝不务实际、刚愎自用。咸丰皇帝看了，怒发冲冠。

1851 年，曾国藩的两个弟弟同时参加科举考试，一个都没有考上。曾国藩担忧弟弟们在打击下自暴自弃，所以在家信中反复劝解开导，让他们千万不要牢骚不平，遇到想抱怨之时，就自我反省，想想自己有哪些不足，争取去掉牢骚之气。曾国藩还举了几个例子，谆谆告诫弟弟们：发牢骚总是带有负面情绪的，如果不努力想办法解决问题、走出困境，仅仅用不具有任何建设性的消极态度去抱怨，只会给自己带来祸殃。

快乐阅读

态度决定心境

舜，是传说中与尧并称的圣王。

据《史记》记载，舜的生平很不幸：他的父亲是个盲人，生母去世后，后母生了一个小儿子象。父亲喜欢象，总想杀死舜，哪怕他犯了一点小过失也会严厉惩罚他。舜生活在“父顽、母嚣、象傲”的家庭环境里，父亲心术不正，继母两面三刀，弟弟桀骜善妒，几个人串通一气，必欲置舜于死地而后快。

有一次，舜爬到粮仓顶上去修房顶，父亲就在下面放火烧粮仓，但舜借助两个斗笠保护自己，像长了翅膀一样，从粮仓上跳下来逃走了。后来，父亲又让舜去挖井，舜事先在井壁上凿出一条暗道。挖井挖到深处时，父亲和弟弟一起往井里倒土，想活埋舜，但舜又从暗道逃走了。

家人经常想方设法害舜，但舜却从不抱怨、从不忤逆反抗，还像以前一样，对父母十分孝顺，对弟弟十分友善，多年如一日，没有丝毫懈怠，表现出高尚的人格和卓越的才干，美名远扬。尧帝知道后，就把两个女儿嫁给他，并让位于他。天下人都归服于舜，舜终于成为受人爱戴的贤明君主。

发牢骚不会让你的处境得到改变，还不如自己积极想办法解决具体的问题。如果我们改变视角，把对不顺的抱怨，改为对自己所拥有的一切的感恩，想必眼界会为之一新。

致诸弟◎
勿使子侄骄奢淫逸

澄、温、沅、季四位老弟左右：

……十一日，武汉克复之折奉朱批、廷寄、谕旨等件。兄署湖北巡抚，并赏戴花翎。兄意母丧未除，断不敢受官职。若一经受职，则二年来之苦心孤诣，似全为博取高官美职，何以对吾母于地下？何以对宗族乡党？方寸之地，何以自安？是以决计具折辞谢，想诸弟亦必以为然也。

功名之地，自古难居。兄以在籍之官，募勇造船，成此一番事业，名震一时。人之好名，谁不如我？我有美名，则人必有受不美之名者。相形之际，盖难为情。兄惟谨慎谦虚，时时省惕[1]而已。

①省惕：警惕。

若仗圣主之威福，能速将江面肃清，荡平此贼，兄决意奏请回籍，事奉吾父，改葬吾母。久或三年，暂或一年，亦足稍慰区区之心。但未知圣意果能俯从否？

诸弟在家，总宜教子侄守“勤”“敬”。吾在外既有权势，则家中子侄，最易流于骄、流于佚[①]，二字皆败家之道也。万望诸弟刻刻留心，勿使后辈近于此二字。至要至要！……

（咸丰四年九月十三日）

①佚：放荡。

优美译文

澄、温、沅、季四位老弟左右：

……十一日，武汉克复的折子收到朱批、廷寄、谕旨等件。为兄我被任命为湖北巡抚，并且赏戴花翎。为兄的意思是，母丧守制还没有到期，绝不敢接受官职。如果我接受了，那么两年来苦心孤诣谋划的事，好像都是为了博取高官厚禄而为，那岂不是愧对我九泉之下的母亲？岂不是愧对宗族乡党？自己的良心，又如何自安呢？所以我决定，写奏折向皇上辞谢，我想弟弟们也一定是赞成的吧。

官场有功有名，从古至今，都是一个难待的地方。为兄作为在籍的官员，招募乡勇，修造战船，成就了这一番功业，名声震动一时。人没有不好名声的，哪个都一样。我有美名，就一定有别人获得坏名声。对比之下，多么难为情。为兄我只有谦虚谨慎，时刻警惕和反省自己罢了。如果仰仗皇上的威福，能够迅速将江上的敌人肃清，平定逆贼，为兄决心奏请皇上批准我回家，侍奉父亲，改葬母亲。长则三年，短或一年，也能稍微使我心里感到安慰。但不知道皇上能不能批准呢？

诸位弟弟在家，应该教育子侄辈遵守“勤”“敬”二字。我在外既有了权势，那么家里的子侄最容易产生骄傲奢侈、放荡淫逸的行为，“骄”“佚”二字都是败家之道啊。万望弟弟们时刻留心，不要让子侄们沾染与这两个字有关的恶习。此事至关紧要！……

（咸丰四年九月十三日）

真知灼见

曾国藩受道光皇帝赏识，十年之间接连升迁，这是难得的恩遇。升官后，按规定，轿呢可以由蓝色换为绿色，护轿人也可以增加两个，而且乘轿可以配备引路官和护卫。但令大家诧异的是，曾国藩既没有增加引路官，也没有增加抬轿人，轿呢也没有换成绿色，仍乘蓝呢轿。不久，曾国藩又升为二品大员，下人建议把四人轿换为八抬大轿，但曾国藩明白“水满则溢、人满则忌”的道理，官升得越快，越容易引起别人的嫉妒。所以他仍然气定神闲地坐着四人抬的旧蓝呢轿子。有好几次，因为轿子太朴素，他还被下级官员欺负，把他的轿子赶到一边让路。后来京城三品以上的大员出行，都知道向护轿的仆人交代一句：“长点眼睛，内阁学士曾国藩大人坐的可是蓝呢轿啊！”

纵横官场几十载，历经沉浮，曾国藩却能够步步高升，并得以善终，正是因为他的这种低调和自律。他不仅自己低调做人，还将这种品质当作家训，让家人学习。道光二十四年（1844 年）十二月的家信里，听说家乡的官宦常家要跟曾国藩的弟弟结亲家，曾国藩以为不妥，因为常家的儿子平日里喜欢仗父亲的势欺侮别人，出门时前呼后拥，穿的衣服也过于华丽。曾国藩怕他家的女儿也有这样的骄奢之气，那就会破坏曾家的家规，引诱曾家子弟也跟着骄奢起来。曾国藩反复告诫子弟：“家门太盛，有福不可享尽，有势不可使尽。”在曾国藩的熏陶下，曾家严守家规，并将谨慎低调、勤奋踏实的家风发扬光大，子孙后代人才辈出。

快乐阅读

曾家盖房子

曾国藩位高权重，他生怕自己在家乡的兄弟子侄会倚权仗势，横行乡里，于是他时常挥笔修书，一遍又一遍地叮嘱家人要修身养性，“盛时常作衰时想，上场当念下场时”。俗语说“物极必反”，当你的名声或富贵达到一定程度的时候，就容易导致衰败，甚至导致毕生努力功亏一篑。

有一回，他的家人准备在家乡重新修建房屋，弟弟连图纸都请人设计好了，派人将图纸送给曾国藩过目。曾国藩看过后，感觉房子过于气派，于是将大房子改成了小房子，要弟弟按照修改后的图纸面积建房，并在信中解释道：“如今时局动荡，房子建得太气派，不合时宜。我心中顾虑，你要和乡里的贤达绅士认真商议。”

曾国藩还在家书中告诫子弟说：“一般情况下，富贵往往过不了三代。这是因为那些官宦财主家的少爷小姐们依仗父母的权势，生活奢侈，胡作非为，不知道修身养性。可是，他们没有想到，他们的父亲只有几十年甚至几年的官可做。假使有一天这些富家子弟失去权势依靠，他们手无缚鸡之力，不懂农耕，不会读书，那该如何生活？做生意的富贵之家，如果懂得勤勉过日子的，孩子们从小学会勤俭，也许荣华富贵能够延续三四代人；农家子弟勤劳节俭，生活朴素，会荫及后代五六辈人。假如品德高尚，懂得孝义廉耻，为人忠厚诚信，子孙能继承这种家风，家族的运势会很长远。”

谕纪鸿◎读书明理为君子①

字谕纪鸿儿：

家中人来营者，多称尔举止大方，余为少慰。凡人多望子孙为大官，余不愿为大官，但愿为读书明理之君子。勤俭自持，习劳习苦，可以处乐，可以处约。此君子也。

余服官二十年，不敢稍染官宦气习，饮食起居，尚守寒素家风，极俭也可，略丰也可，太丰则吾不敢也。凡仕宦之家，由俭入奢易，由奢返俭难。尔年尚幼，切不可贪爱奢华，不可惯习懒惰。无论大家小家、士农工商，勤苦俭约，未有不兴，骄奢倦怠，未有不败。

①本信不见于中华书局版本的《曾国藩家书》，但是是一篇亲子教育的佳作，历来为各种版本的曾氏家书所推重。所以据潘爱平和李向渠等人编注的家书版本互相校对，收入本书。

尔读书写字不可间断，早晨要早起，莫坠[1]高曾祖考以来相传之家风。吾父吾叔，皆黎明即起，尔之所知也。

凡富贵功名，皆有命定，半由人力，半由天事。惟学作圣贤，全由自己作主，不与天命相干涉。吾有志学为圣贤，少时欠居敬工夫，至今犹不免偶有戏言戏动。尔宜举止端庄，言不妄发，则入德之基也。手谕（时在江西抚州门外）。

（咸丰六年九月二十九夜）

①坠：丧失，败坏。

优美译文

字谕纪鸿儿：

从家中到军营来的人，许多人都称赞你举止大方，这让我心里有些宽慰。多数人都希望自己的子孙后代做大官，我却不愿意让我的子孙后代做大官，只希望你们能成为读书明理的君子。勤俭自持，习惯劳苦，可以享受安乐，也可以适应节俭的生活，这就是君子。

我为官已有二十年，从不敢沾染一点官场的陋习，饮食起居，还恪守寒贫朴素的家风，特别节约也可以，稍微丰盛也可以，但太丰盛我就不敢了。凡是官宦的家庭，都是由节俭进入奢侈容易，由奢侈返回节俭很难。你的年纪还小，千万不可贪慕奢侈的享受，不可以养成懒惰的习惯。不管大家庭还是小家庭，不管从事士农工商的哪一种，只要勤俭节约，没有不兴旺繁荣的，如果骄奢倦怠，没有不衰败的。你读书写字不能间断，早晨要早起，不要忘记自曾高祖以来历代承袭的家风。我的父亲、叔父都是黎明就起来的，这些你都十分清楚。

富贵功名之类的得失，都是命中定数，一半靠人力，一半在于天命。只有学做圣贤全靠自己的努力，与天命没有一点关系。我有志向学做圣贤，可是在少年时忽视了居家恭敬谨慎的修养，所以到现在还不免有戏言和戏谑的行为。你应该举止端庄，言语谨慎，这样就能够为形成良好的道德修养打好基础。手谕（此时在江西抚州门外）。

（咸丰六年九月二十九夜）

真知灼见

曾国藩有两个儿子：长子曾纪泽，次子曾纪鸿。在镇压太平天国起义期间，曾国藩常年在外征战，无暇陪伴孩子们成长，与儿子们的家信自然成为父子交流、亲子教育的重要部分。

曾国藩单独写给曾纪泽的第一封家书作于咸丰二年（1852 年），此时曾国藩得知母亲去世的消息，匆匆回乡奔丧，故作《谕纪泽》的家书给长子，交代他处理京城杂事，此时曾纪泽年仅十三岁。曾国藩给纪泽、纪鸿兄弟的最后一封家书为同治十年（1871 年），此时曾纪泽三十二岁，曾纪鸿二十三岁。跨度近二十年的谕儿书，满载一位父亲对儿子们的拳拳关心和殷殷期望，虽然有时不免严厉，却处处体现出舐犊之爱。

曾纪鸿为曾国藩次子，曾国藩在家书中称其为“纪鸿”“鸿儿”。他年少勤学，不热衷于仕途而酷爱数学，并通晓天文、地理、舆图诸学，有《对数评解》《圆率考真图解》等数学专著传世，年仅三十三岁便英年早逝。

据统计，曾国藩的谕儿书共三十七封，其中大部分是写给长子曾纪泽的，单独写给曾纪鸿的书信并不多，少数几封注明“谕诸儿”，是同时写给两个儿子的。虽然《谕纪鸿》的数量寥寥无几，我们仍然能够从中看出曾国藩对次子也疼爱有加、寄予厚望，并做到了因材施教。

曾国藩研究专家唐浩明先生认为，曾氏上千封家书中最值得传颂的，就是咸丰六年（1856 年）九月二十九日夜作的《谕纪鸿》，当时曾纪鸿才九岁。曾国藩少有地表扬儿子举止大方，温和地告诫儿子要勤俭自律，不要沾染官宦子弟的恶习，不可奢华懒惰，读书写字不可间断，要早起，养成生活和学习上的好习惯。此信字里行间洋溢着父亲的慈爱和温情。

这封信中特别引人注目的观点是，曾国藩希望儿子做读书、明理的君子，不要做为他人羡慕的大官。

在古代，文人寒窗苦读最大的动力，就是通过科举考试考取功名、加官晋爵、光宗耀祖。因此古代人大多希望自己的子孙能够好好读书，将来做大官。

对读书的作用和动机，曾国藩却有着和世人不同的认知，他认为读书最终的目的并不是考试做官，而是要成为品德高尚、明白事理的君子。假如一味追求功名利禄，反而会迷失本性。要做君子，除勤俭自持、习劳习苦、不贪爱奢华、不骄奢倦怠外，曾国藩还希望儿子注重德行的修炼。在曾国藩看来，富贵功名皆有定数，半由人力，半由天命，而做君子圣贤，则可以通过自己的不断修炼而实现。所以曾国藩在这封信中希望自己的儿子能多读书、做圣贤，因为这件事情是由自己做主的。

曾国藩自己也是通过科举考试进入官场的，但他却并不希望子孙求功名、做大官，而是希望子孙能够立志做君子和圣贤，读书明理、德才兼备，这在封建时代是非常进步的思想，至今仍给我们很大启发。

快乐阅读

庄子拒官

中国古代很多文人学者，都不屑于从政做官。明代王洪洲就在其《家训》中谆谆教导说：“子孙才分有限，无如之何；然不可不使读书。贫则训蒙以给衣食，但书种不绝可矣。”在一些古代士大夫看来，读书比奢华的衣食更重要。

战国时期的庄子是一位出名的大贤，以他的才学，获取高官厚禄如探囊取物，然而庄子无意于此，只做过宋国小官漆园吏。楚国曾派出两位使者，代表楚王到宋国聘请庄子去楚国做大官。两位使者在濮水岸边找到庄子，恭敬地说：“恭喜先生！敝国楚王有旨，要以朝政烦劳庄先生。请上车吧。”

庄子手持钓竿，眼盯浮标，也不回头道谢，只淡淡地说：“我听说贵国的御花园养过一只灵龟，三千岁啦，前不久死了。楚王吩咐，用白绸裹着它的甲壳，隆重地殓入宝箱，供在庙堂之上，无上荣光。假如你们两位就是这只灵龟，是愿意死去，遗留尊贵的骨甲，享受崇拜的香火呢？还是愿意苟活，拖着尾巴爬行在污泥中呢？”

两位使者都赔着笑说：“当然愿意苟活，拖着尾巴爬行在污泥中啦。”庄子微笑着说：“那我也是这样，宁愿像乌龟一样在泥塘中自由快乐，也不受一国之君的约束。”

庄子崇尚自由、厌恶仕途，拒绝了楚王的聘请。后来他索性隐居著书，成为先秦时期道家学派的代表人物。

谕纪泽◎
宜教家人勤劳持家

字谕纪泽儿：

胡二等来，接尔安禀，字画尚未长进。尔今年十八岁，齿已渐长，而学业未见其益。陈岱云姻伯之子号杏生者，今年入学，学院批其诗冠通场。渠系戊戌二月所生，比尔仅长一岁，以其无父无母，家渐清贫，遂尔勤苦好学，少年成名。尔幸托祖、父余荫，衣食丰适，宽然无虑，遂尔酣豢[1]佚乐，不复以读书立身为事。古人云：“劳则善心生，佚则淫心生。”孟子云：“生于忧患，死于安乐。”吾虑尔之过于佚也。

新妇初来，宜教之入厨作羹，勤于纺绩，不宜因其为富贵子

①酣豢（huàn）：比喻用酒肉尽情享乐。酣，尽情。豢，指刍豢，即家畜。

女不事操作。大、二、三诸女，已能做大鞋否？三姑一嫂，每年做鞋一双寄余，各表孝敬之忱，各争针黹[1]之工。所织之布，做成衣袜寄来，余亦得察闺门以内之勤惰也。

余在军中不废学问，读书写字未甚间断。惜年老眼蒙，无甚长进。尔今未弱冠[2]，一刻千金，切不可浪掷光阴。四弟[3]所买衡阳之田，可觅人售出，以银寄营，为归还李家款。“父母存，不有私财”，士庶人且然，况余身为卿大夫乎？……

（咸丰六年十月初二日）

①针黹：针线活。 ②弱冠：古人称男子二十岁为弱冠之年。 ③四弟：此处应指曾国藩的弟弟曾国潢，族中排行第四。

优美译文

字谕纪泽儿：

胡二等人来，我接到你告安的信，写字笔法还是没有什么长进。你今年已经十八岁了，年纪渐长，但学业还看不到进步。陈岱云姻伯的儿子叫杏生的，今年入了学，学院把他的诗评为全考场的第一名。他是戊戌年二月生的，比你只大一岁，因为他没了父母，家境逐渐清贫，因此他勤奋好学，少年成名。你幸而依托祖父和父亲的余荫，丰衣足食，心里没有顾虑，便贪恋享乐，不再以读书自立为志向。古人说："勤劳会养成好的思想，懒惰会滋生淫乐的想法。"孟子说："处在忧患中，容易使人上进，充满生机；生在安乐中，容易使人懈怠懒惰，走向灭亡。"我很担心你过得过于安乐了。

新媳妇初进门，应当叫她下厨房煮饭，纺纱织布，不能因为她是富贵人家出身就不干家务事。大女儿、二女儿、三女儿已经能够做大鞋子了吗？三个姑一个嫂，每年做一双鞋寄给我，表一表各人的孝心，也显示一下她们的针线功夫。所织的布，做成衣服、袜子寄来，我也可以据此观察闺房里面的人谁勤快谁懒惰。

我在军队里也没停止做学问，读书写字没有怎么间断。可惜我老了，眼睛昏蒙，没有什么进步。你今年还不到二十，一刻值千金，切不可以浪费时光。四弟所买衡阳的田地，可找人卖了，把银子寄到军营，去还李家的钱。"父母在，子女不存私财"，士人和老百姓家都这样做，何况我身为公卿大夫呢？……

（咸丰六年十月初二日）

真知灼见

曾国藩虽然是一代名臣，但一辈子清廉朴素。他在北京做了十三年的京官，经济方面一直捉襟见肘。升任总督后，他仍然爱穿家人亲手纺织的土布衣服，不爱穿丝绸锦缎，他的鞋袜仍由夫人及儿媳、女儿制作。晚上，曾国藩批阅公事，全家女眷都在麻油灯下纺纱绩麻。通常他每顿饭只有一个菜，绝不多设。

晚年，曾国藩仍然保持简朴的习惯。薛福成写的《代李伯相拟陈督臣忠勋事实疏》中有这样一段文字："（曾国藩）本身清俭，一如寒素。官中廉俸，尽举以充官中之用，未尝置屋一廛（chán，平民住所），增田一区。疏食菲衣，自甘淡泊，每食不得过四簋（guǐ，古代食具）。男女婚嫁，不得过二百金，垂为家训……而邻军困穷，灾民饥馑，与夫地方应办之事，则不惜以禄俸之赢余，助公用之不给。"这段文字说明曾国藩晚年布衣蔬食，十分简朴。他做官时的俸禄，没有买过一栋私宅、置过一亩私田，儿女结婚的花费不许超过二百两白银。但只要听说军队困穷、百姓受灾，他就把收入的盈余部分捐给公家。

1872 年，曾国藩在两江总督官署去世。他生前曾留下遗嘱，说自己留了一万多两银子的养老钱，他觉得"极丰裕"，足够办理丧事，死后概不收礼。但弟弟曾国荃建议曾国藩的儿子曾纪泽不要遵守此项遗嘱，因为一品大员的丧事，一万多两银子肯定不够。曾纪泽拒绝了叔叔的建议，严格按照父亲的遗嘱，没有收取奠仪。办完丧事后，这笔钱已经所剩无几。

曾国藩死后第五年，其子曾纪鸿因家人病重，缺钱医治，不得不托左宗棠向远在新疆的刘锦棠借钱。左宗棠得知后十分感动，送了他三百两银子，还写信告诉自己的儿子说："以中兴元老之子，而不免饥困，可以见文正之清节足为后世法矣。"就是说，这样一个有功之臣的后代，现在这样穷困潦倒，可见曾国藩确实是一个清官，值得后人学习。

快乐阅读

清官海瑞

明代嘉靖年间，有一位清官——海瑞。

海瑞一生忠心耿耿，直言敢谏，他曾经买好棺材，告别妻子，冒死向皇帝上书，批评皇帝的缺点。他官职很低的时候就敢于蔑视权贵，从不谄媚逢迎，所以当时的官绅们对他既畏惧又痛恨。

他任淳安知县时，断案公正，解决了很多疑案难案，还将许多过去的冤案翻出来重判，于是他有了"海青天"的美誉，甚至邻县的百姓都跑到他这里申冤。同时他是历史上罕有的清官，根据各类史书记载，他从不贪污，从不受贿，也从不接受任何"灰色收入"。

据传海瑞生活朴素，穷得必须要自己种菜自给，多的菜还拿去卖，补贴家用。他家当然更舍不得吃肉，如果海瑞买肉吃了，那说明家里发生了天大的喜事。有次海瑞的母亲过生日，海瑞买了两斤肉，整个集市的人都沸腾了，奔走相告。这事传到总督胡宗宪的耳朵里，第二天，总督就发布新闻，到处传扬这件稀奇的事，说：“听说昨天海瑞给老母亲过生日了，还买了整整两斤肉哪！”

后来海瑞官至都御史，也买不起京城和任所的房子，最后死在官舍里。他的老乡苏民怀清点他的财物，发现他家徒四壁，一口破竹箱里只有区区八两银子、两丈麻布和几件旧衣服。

跟海瑞同时代，有一位权臣叫张居正，朝廷派人抄他家时，搜出了黄金两千两、白银十万两、黄金器皿六百多套、黄金首饰七百余件、珍珠玛瑙等珍宝以及古玩字画不计其数。

这样一比较，我们就更加清楚，海瑞这样清正廉洁的官员是多么令人钦佩啊！

谕纪泽◎
读书须通小学、明古文

字谕纪泽儿：

接尔安禀[①]，字画略长进，近日看《汉书》。余生平好读《史记》、《汉书》、《庄子》、韩文四书，尔能看《汉书》，是余所欣慰之一端也。

看《汉书》有两种难处：必先通于小学、训诂之书[②]，而后能识其假借[③]奇字[④]；必先习于古文辞章之学，而后能读其奇篇奥句。尔于小学、古文两者皆未曾入门，则《汉书》中不能识之字、不能解之句多矣。

①禀：下对上言事。 ②小学、训诂之书：隋唐以后，小学类书籍分为训诂学、文字学、音韵学三类。小学，这里指文字学。训诂，解释古书字义。 ③假借：六书之一，指借用已有的形近、音同的字，表示不同意义的词。 ④奇字：泛指古文字。

欲通小学，须略看段氏《说文》[①]、《经籍纂诂》[②]二书。王怀祖（名念孙，高邮州人）先生有《读书杂志》，中于《汉书》之训诂极为精博，为魏晋以来释《汉书》者所不能及。

欲明古文，须略看《文选》及姚姬传之《古文辞类纂》二书。班孟坚最好文章，故于贾谊、董仲舒、司马相如、东方朔、司马迁、扬雄、刘向、匡衡、谷永诸传，皆全录其著作。即不以文章名家者，如贾山、邹阳等四人传，严助、朱买臣等九人传，赵充国屯田之奏，韦元成议礼之疏，以及贡禹之章、陈汤之奏狱，皆以好文之故，悉载巨篇。如贾生之文，既著于本传，复载于《陈涉传》《食货志》等篇，子云之文，既著于本传，复载于《匈奴传》《王贡传》等篇，极之《充国赞》《酒箴》亦皆录入各传。盖孟坚于典雅瑰玮之文，无一字不甄采[③]。

尔将十二帝纪阅毕后，且先读列传。凡文之为昭明[④]暨姚氏所选者，则细心读之；即不为二家所选，则另行标识之。若小学、古文二端略得途径，其于读《汉书》之道思过半矣。

世家子弟最易犯一“奢”字、“傲”字。不必锦衣玉食而后谓之奢也，但使皮袍呢褂俯拾即是，舆马仆从习惯为常，此即日

①《说文》：清代文字训诂学家段玉裁的《说文解字注》。 ②《经籍纂诂》：清代阮元主编的训诂学书。 ③甄采：鉴别并采录。 ④昭明：代指萧统《昭明文选》。

趋于奢矣。见乡人则嗤其朴陋，见雇工则颐指气使，此即日习于傲矣。《书》[1]称“世禄之家，鲜克由礼”，《传》[2]称“骄奢淫佚，宠禄过也”。京师子弟之坏，未有不由于“骄”“奢”二字者，尔与诸弟其戒之。至嘱至嘱！

（咸丰六年十一月初五日）

①《书》:《尚书》。克:能。 ②《传》:《左传》。

优美译文

字谕纪泽儿：

我收到你告安的信，看到你的写字笔法略有长进，知道你近日在看《汉书》。我生平喜欢读《史记》《汉书》《庄子》和韩愈的文章，你能看《汉书》，我很欣慰。

看《汉书》有两个困难：你必须先通晓小学和训诂学方面的知识，然后才能认得《汉书》里面的一些不常见的假借字；必须先懂古文辞章的学问，然后才能读《汉书》的深奥语句和奇异篇章。你在小学和古文方面都没有入门，那《汉书》中不认识的字、不能明白的句子可就多了。

要想懂小学，必须先大致看看段玉裁的《说文》和阮元主编的《经籍纂诂》两部书。王怀祖先生的《读书杂志》这部书中有关《汉书》的训诂，讲得最是博大精深，魏晋以来解释《汉书》的学者都比不上。

要想搞明白古文，必须大致看过《文选》和姚鼐的《古文辞类纂》这两部书。班孟坚最喜欢这些文章，所以在贾谊、董仲舒、司马相如、东方朔、司马迁、扬雄、刘向、匡衡、谷永这些人的本传里都录了他们的著作。即使那些不以文章著名的人，比如贾山、邹阳等四人的传，严助、朱买臣等九人的传，赵充国论述屯田的奏折、韦元成议论礼的上疏，以及贡禹的奏章、陈汤断案的奏章，只因为班孟坚太爱文章的缘故，都有大段记载。如贾谊的文章既在他的本传里记载了，还在《陈涉传》《食货志》等篇目里有记载，扬子云的文章既在他的本传里记载了，又在《匈奴传》《王贡传》等篇目里有记载，以至《充国赞》《酒箴》两篇也都收录到各传里头。这是因为孟坚对于典雅瑰玮的好文章，没有一篇不甄别采录的缘故。

你将《汉书》十二帝的本纪读完之后，不妨先读列传部分。凡是文章被昭明太子和姚鼐所选的，都要细心去读，那些不被二家所选的，则要专门做记号加以标识。如果小学、古文两方面稍稍懂一点门道，那对读《汉书》来说，就成功了一多半了。

世家子弟最容易在“奢”字和“傲”字上犯毛病。不一定锦衣玉食才叫奢靡，只要皮袍呢褂俯拾即是、车马仆从习以为常，这就是一天天走向奢了。看见乡下人就讥笑人家粗俗鄙陋，看见雇工就颐指气使，这就是一天天走向傲了。《尚书》里说“世代享受俸禄的人家，很少能依礼行事”，《左传》里说“骄奢淫逸都是因为上头过于宠幸，给的俸禄过多”。京城人家的子弟学坏，没有一个不是因为“骄”“奢”二字的，你和弟弟可要引以为戒呀。千万要牢记！

（咸丰六年十一月初五日）

真知灼见

曾纪泽为曾国藩长子，曾国藩对他寄予厚望，给他取字为“劼刚”，希望他性格不要过于柔弱。同时，曾国藩鼓励曾纪泽大胆尝试。“初生牛犊不怕虎”，曾国藩希望他有远大的志向和抱负，希望他能有所作为。但曾国藩也不强求儿子入仕做官，更不愿他征战沙场。不废耕读、读书明理，就是曾国藩对于家族子弟的最高要求。

因此，曾纪泽自幼受父亲严格教育，通晓经史，工于诗文、绘画及书法篆刻，因受洋务运动影响，力学英语，研究西方科学文化，有“学贯中西”的美誉。曾纪泽曾出使过英、法、俄诸国，又曾配合左宗棠在新疆对俄作战，与俄国人力争，废掉此前崇厚签订的丧权辱国条约，订立《中俄伊犁条约》，迫使俄国交还伊犁等地，赢得晚清仅有的一次外交胜利。

这封信的写作时间是咸丰六年（1856 年）十一月初五，上一封给曾纪泽的信是在同年的十月初二，与本信的间隔时间仅一个月左右。在上封信里，因为曾纪泽新婚燕尔，耽搁了学业，曾国藩在信中严厉批评了儿子的书法和学业都没有长进，嘱咐纪泽应以读书立身为要务，不能贪图安乐。

那么曾纪泽有没有改变呢？仅仅一个月之后，在此次家书里，曾国藩就嘉许曾纪泽，称他“字画略长进”，还开始攻读《汉书》，让曾国藩感到欣慰。曾国藩是一个要求非常高的人，能够得到他的表扬，说明曾纪泽确实进步明显。

这篇家书中，曾国藩像一位诲人不倦的严师，一边对儿子的学业予以耐心指导，指出阅读《汉书》的前提是“通小学”“明古文”，打牢基础才能找到精研古籍的门径；一边嘱咐儿子要避免世家子弟的通病，戒“奢”戒“傲”，反映了曾国藩严格教子、勤俭治家的一贯作风。

曾国藩常年公务繁忙，但他时刻关注着儿子们的学业进展和品行修养，发现问题立刻指出并批评，看到进步则马上给予鼓励，这种赏罚分明的教子智慧，的确值得学习。

吕蒙读书

快乐阅读

吕蒙是三国时期吴国的大将，他曾多次立下大功，却不爱读书。

孙权对吕蒙说："你现在是大将军了，肩上的担子很重，一定要多读读书，长点见识。"吕蒙推辞说，军中事务繁多，没时间学习。孙权说："哪怕是粗略地阅读，了解历史也是有好处的。你说你军务繁忙，哪能比得上我的事务多呢？我常常读书，自认为有很大益处。"

于是，吕蒙开始读书学习。他发现书中有很多以前他根本不知道的知识。一次，他读到孙膑用"减灶计"诱使庞涓轻敌，最后打败庞涓的故事，感到眼界大开，于是逐渐爱上了读书。一有空闲，他便如饥似渴地阅读古代的兵书和史书。

一天，鲁肃来到寻阳，与吕蒙聊天，听到吕蒙的见解后，鲁肃惊奇地说："你今天的才干和谋略，再也不是那个我所认识的阿蒙了！"吕蒙说："士别三日当刮目相待，兄长你看清楚这件事情也太晚了啊！"

几年下来，吕蒙的军事才能大有长进。孙权大为高兴，就让吕蒙担任大都督一职，统领全国兵马。

如果当初吕蒙把孙权的一席话当作耳旁风，没有刻苦用功、读书学习，就不会取得后来的丰功伟绩。同样，不论我们现在的学习成绩怎样，只要开始发奋都为时未晚，一切都可以通过我们的努力来改变。

致沅弟季弟◎
随时推荐出色的人

沅、季弟左右：

辅卿而外，又荐意卿、柳南二人，甚好。柳南之笃慎，余深知之。意卿亮亦不凡。余告筱、辅观人之法，以有操守而无官气、多条理而少大言为主。又嘱其求润帅、左、郭及沅荐人。以后两弟如有所见，随时推荐，将其人长处短处一一告知阿兄，或告筱荃。尤以习劳苦为办事之本。引用一班能耐劳苦之正人，日久自有大效。

季弟言："出色之人断非有心所能做得。"此语确不可易。名位大小，万般由命不由人。特父兄之教家、将帅之训士，不能如此立言耳。季弟天分绝高，见道甚早。可喜可爱！然办理营中小事，教训弁勇，仍宜以"勤"字作主，不宜以"命"字谕众。

润帅先几陈奏以释群疑之说，亦有函来余处矣。昨奉六月二十四日谕旨，实授两江督兼授钦差大臣。恩眷方渥[1]，尽可不必陈明。所虑者，苏、常、淮、扬无一支劲兵前往。位高非福，恐徒为物议之张本耳。

余好出汗，沅弟亦好出汗，似不宜过劳。

（咸丰十年七月初八日）

①恩眷方渥：指皇上的恩典如此优厚，隆重。

优美译文

沅弟、季弟左右：

除辅卿以外，你们又推荐意卿、柳南二位，很好！柳南为人诚笃谨慎，我很了解。意卿看来也是不同凡响之人。我告诉筱、辅观察人的方法，主要是要有节操有原则而没有官气、办事有条有理而很少口出狂言这两条。又嘱咐他求润帅、左、郭以及沅弟荐人才。以后两位弟弟如果有所发现，可以随时推荐，把所推荐人的长处短处，一五一十告诉为兄，或者告诉筱荃。尤其要以习惯于劳苦为办事的根本。任用一班能吃苦耐劳的正人君子，时间长了自然会有大的效应。

季弟说："出色的人，绝不是有心做得出来的。"这话确实是至理不可更改。名位的大小，万般都是由天命安排而不由人定。只是父兄教育家庭、将帅训导士兵，不能这样说罢了。季弟天分很高，很早就能明白大道理，可喜可爱！但是办理军营中的小事、教训士兵，仍然以劝导他们勤勉为主，不适宜以命运的话来教育大家。

润帅抢先陈奏，以消除大家疑虑的说法，也有信到我这里说明。昨天奉六月二十四日的谕旨，实授两江总督兼授钦差大臣。皇上的恩典如此隆重，我尽可以不必一一说明。我所忧虑的是，苏州、常州、淮南、扬州一带没有一支强有力的部队去剿匪。官位太高不是什么福气，只怕是要白白地招致许多非议罢了。

我好出汗，沅弟也好出汗，似乎不应过分劳累。

（咸丰十年七月初八日）

真知灼见

曾国藩一生善于慧眼识英才，也很重视对人才的任用。他认为人才问题是天下兴衰的关键：“国家之强，以得人为强。”仅由他推荐或亲手提拔的督抚就有胡林翼、左宗棠、彭玉麟、郭嵩焘、李瀚章、李鸿章等三十多人，个个功名赫赫，其他提督总兵、参将副将等数以千计。

曾国藩麾下有一员儒将，名叫李元度。咸丰三年（1853 年），三十三岁的李元度屡试不第，投笔从戎，加入曾国藩的湘军，担任幕僚，由于才干出众，深得曾国藩赏识。江西湖口之战以后，李元度改当将领，领兵杀敌。他打仗英勇，为湘军攻占江西全境起到了很重要的作用。李元度跟曾国藩的私人关系也非常好，还曾两次救过曾国藩的性命，曾国藩曾说：“次青（李元度）于我，情谊之厚，始终不渝。岳州之败，星驰来赴。靖港之挫，从人皆散，次青追随贱躯，不离左右。出则呜咽鸣愤，入则强颜相慰。”因此，曾国藩不但对李元度耐心教导，促其上进，还多次替李元度上奏请赏，助他步步高升。

人才固然难得，但能够发现人才、爱惜人才的伯乐更加难得。曾国藩就是这样一位伯乐，他一生倾注了大量心力，致力于培养优秀人才。他每到一处行军打仗，必张贴告示，搜求英才，只要有一技之长的人，他都设法收为己用。每个投军的幕僚，他都会亲自接见，经过认真面试和考察后，因才任用：有胆气血性的人让他领兵打仗，胆小谨慎的令其筹办粮饷，学问渊博的让他校勘书籍……曾国藩的幕府知人善用，既是当时的人才储备库，也是锻铸优秀人才的好学校。

快乐阅读

曾国藩的“人才花名册”

曾国藩是个善于培养英才的人，他的人才培养方法有四：“教诲、甄别、保举、超擢（越级提拔）”，从“教化”和“督责”两个方面教导人才成长。他还建立了“人才花名册”，来记录各类人才的具体情况。

建立“人才花名册”的灵感来自胡林翼，据说有一次曾国藩拜访湖北巡抚胡林翼，偶然发现他的案头上有一本《同官录》，把每一个官员的出身、来历、仕宦经历等记录得一清二楚。胡林翼还专门设立了名为“宝善堂”的人才管理机构，把所有麾下和了解到的人才的信息，分门别类造册，标注这个人的才学性格、从政经历、政绩风评等信息，并经常反馈更新；如果有奇才异能，另外记录在册，以备选拔。

曾国藩大受启发，回到两江后，他马上学习胡林翼，给每个官员建立一份人才档案，详细记录了官员们的履历，特别是过去担任和现任的官职。他参照吏部对京官的考察标准，在会见每一个官员时，通过与他们的谈话判断官员的品行和才能。谈完话后，他再对照之前“人才花名册”的内容，如果发现有的记录不准确，就在上面进行调整改动。

据说曾国藩对他所接见过的人，还会在花名册上画上三角形、圆圈等特殊符号：画三角的人，是不能用的；画圆圈的，是可用之人；如果画两个圆圈，那就是优秀的人才。

比如有一个候补知县叫陈德明，曾国藩给他的评语是“心术不正”，后面还写了“精明能干”“颇放肆”等评语。最后，曾国藩画了一个三角形，表示这个人不能用。

还有一个叫龙舜臣的年轻官员，曾任池州府青阳知县，多次带兵剿灭土匪、挫败捻军。曾国藩跟他谈完话后，在他的名册记录上画了两个圆圈，说他是“忠烈之后，颇有清刚之气，心地明了，腰挺拔，可以做事情”。后来果然迅速提拔了这位优秀的人才。

曾国藩擅长识人、用人，他认真考察人才的家世、履历、品行和才干，因材施教培养人才，建立了相对完善的识人、育人、用人的人才系统，所以他主持下的湘军集团和幕府里，人才济济，名人辈出。

谕纪泽、纪鸿◎
读书改变气质，立志最为重要[1]

字谕纪泽、纪鸿儿：

今日专人送家信，甫经成行，又接王辉四等带来四月初十之信（尔与澄叔各一件），藉悉一切。

尔[2]近来写字，总失之薄弱，骨力不坚劲，墨气不丰腴，与尔身体向来轻字之弊正是一路毛病。尔当用油纸摹颜字之《郭家庙》、柳字之《琅琊碑》《玄秘塔》，以药其病。日日留心，专从厚重二字上用工。否则字质太薄，即体质亦因之更轻矣。

人之气质，由于天生，本难改变，惟读书则可变化气质。古之精相法者，并言读书可以变换骨相。欲求变之之法，总须先立

①本信不见于中华书局版本的《曾国藩家书》，据潘爱平和李问渠等人编注的家书版本互相校对，收入本书。 ②尔：此处应指曾纪泽。

坚卓之志。即以余生平言之，三十岁前最好吃烟，片刻不离，至道光壬寅十一月廿一日立志戒烟，至今不再吃。四十六岁以前做事无恒，近五年深以为戒，现在大小事均尚有恒。即此二端，可见无事不可变也。

尔于厚重二字，须立志变改。古称“金丹换骨”，余谓立志即丹也。满叔四信偶忘送，故特由驿补发。此嘱。涤生[1]示。

（同治元年四月廿四日）

①涤生：曾国藩的号，有浴火重生之意。

优美译文

字谕纪泽、纪鸿儿：

今天专门派人送信回家，刚要出发，正好又接到王辉四等人带来的四月初十寄来的信（你和澄叔的各一封），从信中得知一切。

纪泽你最近写字的功力总是太薄弱，骨力不够强劲，墨气也不够丰腴，就像你的身体一样，一直都存在轻弱无力的毛病。你应该用油纸临摹颜体的《郭家庙》、柳体的《琅琊碑》《玄秘塔》，以此来锻炼笔力，弥补自己的不足。你要每天留心，专心在“厚重”二字上下功夫，否则字的本质过于薄弱，体质就会因此而显得虚弱了。

人的气质本是天生的，早就有了定数，是难以轻易改变的，只有读书才能改变自己的气质。古代擅长相面的人，都说读书可以改变骨相。要想求得变骨相的方法，必须先立下坚定不移的志向。以我的生平举例，三十岁前我爱好吸烟，每天抽水烟，没有一刻间断，后来从道光壬寅年（1842 年）十一月二十一日开始，我立志戒烟，到今天都没再抽过烟。四十六岁以前我做事没有恒心，近五年来深深以此为戒，现在大小事情都能持之以恒。就从这两点来看，可见没有什么事情是不能改变的。

你必须在“厚重”二字上立志，苦下功夫来改变。古人说“服用金丹可以换骨”，我认为人的立志就是那颗金丹。满叔的四封信忘记送去，所以特别由驿站补送回去。这是我的嘱咐。涤生示。

（同治元年四月廿四日）

真知灼见

在这封家书里，曾国藩批评儿子曾纪泽书法功力薄弱，不够厚重，督促他勤练碑帖，提高对自己的要求。曾国藩提出了一个重要的观点：读书可以改变人的气质和骨相，而前提是要立下远大的志向，并且坚定不移地去执行。

曾国藩年轻时，考秀才屡次不第，心情郁闷，所以学会了抽烟。他抽的是劲头很足的水烟，而且烟瘾很大，水烟袋片刻不离手。但每次吞云吐雾过后，他总感觉口苦舌燥、昏昏欲睡，深知这对身心不利。终于有一天，他一咬牙一跺脚，把水烟袋狠狠摔在地上，发誓立刻戒烟。

为了督促自己，他把戒烟的过程写进了日记。

头两天，他急得像热锅上的蚂蚁，抓耳挠腮，坚持不久就抵制不住烟瘾，跑出去买了新的水烟袋，急不可待地吸了个痛快。

之后的十几天，曾国藩每日都昏昏欲睡，水烟上瘾的恶果让他难以接受，半途而废的行为更让他感到羞愧。于是他痛下决心，折断了烟袋杆，再次发誓戒烟。

当天晚上，他在日记当中写道：“我每日浑浑噩噩，正是源于吸烟太多，所以折断烟袋，发誓永不再吸烟。如有食言，便让神仙惩罚我！”

这一次曾国藩没有食言，虽然他烟瘾难耐，六神无主，精神恍惚，甚至觉得人生毫无意义，但他一心要做“言出必行”“知行合一”的圣贤，坚定地抵制了诱惑，熬了一个多月，终于戒掉了多年的烟瘾。

此后每次提到戒烟，曾国藩总是十分得意，并以自己为例劝诫他人：无论做大事小事都要有毅力、有恒心，坚持不懈才能所向披靡。

在曾国藩的漫漫修行之路中，戒烟算得上是一块重要的里程碑，标志着他挑战自我的重大胜利。可以说，曾国藩取得的所有成功都源于他高度严格的自律和持之以恒的决心。

快乐阅读

曾氏“十二条”

曾国藩是一个特别执着、有恒心的人，一生都在追求做“天地完人”，所以他对自己的要求近乎苛刻。道光二十二年(1842 年)，三十二岁的曾国藩给自己定下了每日学习的十二条准则，即“日课十二条”，内容如下：

一为主敬：整齐严肃，清明在躬，如日之升；

二为静坐：每日不拘何时，静坐四刻，正位凝命，如鼎之镇；

三为早起：黎明即起，醒后不沾恋；

四为读书不二：一书未完，不看他书；

五为读史：二十三史，每日圈点十页，虽有事不间断；

六为谨言：刻刻留心，第一工夫；

七为养气：气藏丹田，无不可对人言之事；

八为保身：节劳、节欲、节饮食；

九为日知其所无：每日读书，记录心得语；

十为月无忘其所能：每月作诗文数首，以验积理的多寡、养气之盛否；

十一为作字：饭后写字半时，凡笔墨应酬，当作自己课程，凡事不待明日，取积愈难清；

十二为夜不出门：旷功疲神，切戒切戒。

曾国藩有句名言："人生需有根柢，方可撑持世间变化。"自从定下"日课十二条"的日常目标后，他以非凡的毅力和恒心坚持了一辈子。他一生虽然政务、军务繁忙，但即使在晚年病重的情况下也手不释卷，每日读书写字的功课从未间断。

自律的人就像根深本固的大树，他们目标明确，勇往直前，要做什么事，想达成怎样的效果，都会做到心中有数。正所谓：欲成就非常之事业，必有非常之毅力和恒心。

致沅弟◎处事修身宜明强

沅弟左右：

来信“乱世功名之际尤为难处”十字，实获我心。

本日余有一片，亦请将钦篆[1]、督篆[2]二者分出一席，另简[3]大员。吾兄弟常存此兢兢业业之心，将来遇有机缘，即便抽身引退，庶几善始善终，免蹈大戾乎。

至于担当大事，全在“明”“强”二字。《中庸》“学”“问”“思”“辨”“行”五者，其要归于愚必明、柔必强。弟向来倔强之气，却不可因位高而顿改。凡事非“气”不举，非“刚”不济，即修身齐家，亦须以“明”“强”为本。

①钦篆：钦差大臣的大印，借指钦差大臣一职。 ②督篆：总督的大印，借指总督的官位。
③简：选择、选拔。

巢县既克，和、含必可得手。以后进攻二浦，望弟主持一切，余相隔太远，不遥制也。

（同治二年四月廿七日）

优美译文

沅弟左右：

你来信中所说“乱世功名之际尤为难处”十个字，真是说出了我想说的话。

今天我写了一份奏折，也是想请朝廷把我担任的钦差大臣和总督两个职位，分出一个，另外选拔大员任职。我们兄弟常常存着谨慎畏惧的心情，将来遇到合适的机会，就马上辞官引退，也许可以善始善终，免遭大祸。

至于担当大事，全在“明”“强”二字之中。《中庸》所说“学”“问”“思”“辨”“行”五件事，其要点归结为愚必明、柔必强。弟弟向来倔强，却不要因为地位高了就马上改变。凡事没有“气”便办不成；没有刚强，也不行。就是修身齐家，也要以“明”“强”为根本。

既然已经攻克了巢县，和州和含山也一定可以得手。以后进攻江浦和浦口，希望弟弟主持一切吧，我相隔太远，难以把控。

（同治二年四月二十七日）

真知灼见

同治二年(1863年)四月，曾国藩的九弟曾国荃升任浙江巡抚。四月下旬，曾国荃指挥的军队攻克巢县，几乎在曾国藩写这封信的同时，又连续攻下了和州和含山，成功地击退了皖北地区的太平军，取得了赫赫战功。此时兄弟二人均位高权重，声望如日中天。可是曾国藩却丝毫没有因兄弟荣耀而忘乎所以，而是时刻怀有谨慎畏惧的心理，劝诫九弟在鼎盛之际宜低调收敛、常存退心，这样才可能善始善终。

曾国藩的谦抑是全方位的：他多次承认自己德薄才疏，成功只是侥幸；在金钱物欲上，他坚持勤俭清廉；在权力方面，他也是一再退让。有人说没人会嫌弃自己官大，曾国藩却是个例外。他担心自己身兼钦差大臣和两江总督两个重要官职，权力过大，会引起皇家的忌惮和猜疑，就奏请朝廷分职给其他官员，避免出现一人独揽大权的局面。

但是曾国荃聪明果断，处事强硬，个性一向过于张扬。他麾下“吉字营”在最盛时，人数曾达五万之多，接近曾氏所指挥湘军全部人马的一半。老成持重的曾国藩反复提醒弟弟，不要扩军，以免引起朝廷的猜忌和打压。后来曾国荃干脆连招兵买马这种大事都不向曾国藩禀报。曾国藩只能反复叮嘱他注意收敛。

《中庸》里说治学之道应该是“博学之，审问之，慎思之，明辨之，笃行之”，也就是说要广泛学习，认真询问，谨慎思考，明确辨析，切实实行。别人用一分努力就能做到的，我用一百分的努力去做。如果真能做到这样勤奋刻苦，即使愚笨的人也会变得聪明，柔弱的人也会变得刚强。没有坚忍不拔、自强不息的志气，是办不成事的。所以曾国藩又明确告诉弟弟，也不必因为地位高了，就马上改变自己原本坚毅刚强的性格，在即将对太平天国发起总攻的紧要关头，保持昂扬拼搏的进取精神也是十分必要的。

既要谦虚谨慎以求保身，又要坚韧自强以求进取，刚柔相济，才能进退自如。正是因为听从了哥哥苦口婆心的教诲，曾国荃在攻陷天京（今南京）之后，虽然被赏太子少保衔、封一等威毅伯，但是为了避免功高多谤，他还是选择了急流勇退，称病回籍，最后果然得以善终。

这封信里闪烁着友爱和智慧的光芒，体现着曾国藩对兄弟手足的关心爱护以及居安思危的处世哲学。

快乐阅读

张良辞官

俗话说："飞鸟尽，良弓藏；狡兔尽，走狗烹。"每个朝代开国伊始，为了避免开国功臣们功高震主，维护帝王权力的集中，皇帝往往会想方设法翦除良将名臣。这些立了大功的良将名臣，尤其是异姓大臣们的下场，大多非常悲惨。

西汉初年，刘邦称帝仅仅一年，便以谋反为名，杀死了燕王臧荼。军事奇才韩信也先后从齐王被徙楚王、贬为淮阴侯，最后以谋反为罪名，惨死在长乐宫，并且诛连三族。

刘邦的怀疑猜忌和残酷无情，使将士和功臣们人心惶惶，唯恐有一天自己会被他杀害，有的甚至被逼得真的反叛了。韩王信就是在极度恐惧的情况下，干脆公开投降匈奴，但最后也逃脱不了被追杀的命运。

在汉朝建立的短短七年之内，刘邦就利用各种借口，几乎将所有异姓诸侯王铲除。

在汉初名臣里，唯一得以幸免的人是汉相张良。张良深明韬略，足智多谋，刘邦曾称他"运筹策于帷帐之中，决胜千里之外"。在助刘邦平定天下后，张良便托辞多病，闭门不出，后来更是功成身退，寻访得一风景宜人的小山隐居下来，修建了良山道观，创办了伐桂书院，教授当地孩子文化。

张良不居功自傲，又懂得进退，及时辞官归隐，明哲保身，得以善终，因此是西汉初年的功臣中获得后世赞誉最多的人。

致沅弟◎
时刻悔悟大有进益

沅弟左右：

鄂署五福堂有回禄[①]之灾，幸人口无恙，上房无恙，受惊已不小矣。其屋系板壁纸糊，本易招火。凡遇此等事，只可说打杂人役失火，固不可疑会匪之毒谋，尤不可怪仇家之奸细。若大惊小怪，胡想乱猜，生出多少枝叶，仇家转得传播以为快。惟有处之泰然，行所无事，申甫[②]所谓“好汉打脱牙，和血吞”，星冈公[③]所谓“有福之人善退财”，真处逆境者之良法也。

弟求兄随时训示申儆[④]，兄自问近年得力，惟有一“悔”字诀。兄昔年自负本领甚大，可屈可伸，可行可藏，又每见得人家不是。

①回禄：传说中的火种。此处指火灾。 ②申甫：曾国藩友人李榕。 ③星冈公：曾国藩祖父。 ④申儆：警戒，训诫。

自从丁巳、戊午大悔大悟之后，乃知自己全无本领，凡事都见得人家有几分是处。故自戊午至今九载，与四十岁以前迥不相同。大约以“能立能达”为体，以“不怨不尤”为用。立者，发奋自强，站得住也；达者，办事圆融，行得通也。

吾九年以来，痛戒无恒之弊，看书写字，从未间断，选将练兵，亦常留心。此皆自强、能立工夫。奏疏公牍，再三斟酌，无一过当之语、自夸之词。此皆圆融、能达工夫。至于怨天，本有所不敢；尤人，则常不能免，亦皆随时强制而克去之。弟若欲自儆惕，似可学阿兄丁、戊二年之悔，然后痛下箴砭①，必有大进。

“立”“达”二字，吾于己未年曾写于弟之手卷中，弟亦刻刻思自立自强。但于能达处尚欠体验，于不怨尤处尚难强制。吾信中言皆随时指点，劝弟强制也。赵广汉本汉之贤臣，因星变而劾魏相，后乃身当其灾，可为殷鉴。默存一“悔”字，无事不可挽回也。

（同治六年正月初二日）

①箴砭：古代以砭石为针的治病方法。此指批评、指证。

优美译文

沅弟左右：

湖北衙门的五福堂遭了火灾，幸亏没有伤到人，上房也没有事，但确实大受惊吓。那里的房子是木板墙壁加纸糊，本来就容易招火。但凡遇到这种事，只能说是因打杂的差役们不小心而失火，千万不要怀疑是会匪的毒计，尤其不要乱猜是仇家奸细所为。如果大惊小怪，胡思乱猜，生出不必要的事端，那反倒让仇家将事情到处传播起来，幸灾乐祸。只有泰然处之，若无其事，就像李申甫说的“好汉打脱牙齿和血吞”，祖父星冈公说的“有福的人善于退财”，那才真是处于逆境的人获取自安的好办法。

贤弟你要求为兄时常训导你，为兄我自问近年来，全是得力于一个“悔”字。过去我很自负，以为自己的本领大，能屈能伸，可以出仕也可以退隐，又每每看见别人的错误。自从丁巳、戊午那两年大悔大悟之后，我才知道自己没有什么本领，什么事都看见别人有几分做得对的地方。所以从戊午到现在的九年里，我与四十岁以前完全不同。大约以“能创立、能通达”为人生根本，以“不怨天、不尤人”为处世之道。立，就是发奋自强，站得住的意思；达，是办事周到，行得通的意思。

我这九年以来，痛下决心改掉缺乏恒心的毛病，看书写字，从未间断，选将练兵，也时时留心。这都是自强自立的结果。写奏疏公文时，我再三斟酌，不说一句过头的话、一个自夸的词，这都是

圆熟通达的结果。至于说到怨天，本来我就不敢；尤人却还不可避免，但也时时克制自己尽量避免。弟弟如果想自己警惕，似乎可以学为兄丁巳、戊午那两年的悔悟，然后痛下针砭，一定会大有进益。

“立”“达”二字，我曾经在己未年写在给你的手卷上，贤弟你也时刻想自立自强，但你在通达上还欠缺体验，在不怨天尤人方面还难以克制自己。我在信中随时指点，劝你努力克制自己。赵广汉本来是汉代贤臣，因星变而弹劾魏相，后来反受其灾，可以作为前车之鉴。心里暗暗存一个“悔”字，那就没有什么事是不可以挽回的。

（同治六年正月初二日）

真知灼见

这封信里曾国藩提到的丁巳、戊午年，是咸丰七年（1857 年）和咸丰八年（1858 年）。1857 年，曾国藩率湘军在江西前线抗击太平军，打了几个胜仗。但是咸丰皇帝并没有论功行赏，给予曾国藩预期的嘉奖。所以曾国藩以父亲曾麟书去世为由，没有得到批准就回家奔丧，皇帝十分生气，决定不再重用他。

曾国藩在家守孝期间，想到自己多年为官之路如此坎坷，就对自己以往的行为进行认真反思。他总结出自己的缺点，一是过于自傲，只看见别人的缺点，很少去欣赏别人的优点，所以总是得罪人；二是不够圆滑，不能与其他官员融洽相处，所以失道寡助。

一个人能冷静地自我反省，从而大彻大悟，是十分难得的。等到咸丰八年（1858 年），咸丰皇帝重新启用曾国藩征讨太平军的时候，曾国藩已经脱胎换骨。他像变了一个人似的，对人谦虚有礼，事事都与人商量而定，得到了同僚们的一致好评，终于融入了官场。

他自己也曾经无限感慨地说：“我往年在官场，跟人家格格不入，所以为官之路到处荆棘。自从改弦易辙、自我悔悟以后，仕途才顺利起来。”因此，曾国藩从自己的经历和教训中总结出“悔”字秘诀，也就是常常进行自我反省，甚至遇到委屈要有“打脱牙和血吞”的肚量。

曾国荃是曾国藩的四弟，同族排行第九，所以曾国藩常常称他为九弟。曾国荃很有才干，也是湘军的主要将领之一。曾国藩能有如此伟大的功绩，离不开曾国荃的帮忙。曾国藩一直教育弟弟们要勤奋学习、扎实做事，所以曾国荃每次打仗，都认真挖掘战壕，把敌城牢牢围住，人送外号“曾铁桶”。他的脾气十分冲动，生起气来就连李鸿章都怕他三分。

曾国荃也因为常常压制不住自己的脾气，甚至数次把湘军逼入绝境。其中最严重的一件事就是“私分军饷”。当时曾国荃率湘军围困太平天国首都天京（今南京）两年多，在同治三年（1864 年）攻下天京时，曾国荃十分开心，纵容自己的手下在城内烧杀抢掠。慈禧太后因为这件事威胁曾国藩，给湘军和曾家都带来了不小的麻烦。

在这封信里，曾国藩对弟弟曾国荃谆谆训导：人既要发奋立志，也要做事周到，不能任性而为，还要常常自我反省——人贵知不足，不足之处，记而改之，才能自我提升，更上一层楼。

快乐阅读

曾国藩的“日记”和“日课”

在考中同进士之后，曾国藩认识了当时的理学大师倭仁。

倭仁是晚清大臣，也是著名的理学家。他年长曾国藩七岁，道光九年（1829 年）中进士，时任翰林院侍读学士。

曾国藩前去拜访倭仁，对倭仁说：“我听说您修身功夫做得很好，所以特意来拜访，想请您不吝赐教，传授我修身之法。”

倭仁告诉曾国藩，他每天都记日记，把展现自己心灵阴暗面的思想言行一一记在日记中，比如某天因为一点小事训斥了婢女一番；某天看到别人收藏的古籍刻本就起了贪欲，想占为己有之类的，然后反复分析自己的不足，以求德行上有所进步。他还毫不避讳地把日记拿给曾国藩翻阅，令曾国藩由衷地佩服他胸怀坦荡。

曾国藩从倭仁那里取了经，如获至宝。他明确了自己新的人生目标，那就是效法先贤、成为圣人。为此，他把自己的号改为“涤生”，并在日记上解释道：“自今日起改号涤生。涤者，取涤其旧染之污也；生者，取明袁了凡之言‘从前种种，譬如昨日死，以后种种，譬如今日生也’。”表达了自己痛改前非、重新做人的决心。

曾国藩之前的日记大多是纯粹的记事，决心做圣人之后，他的日记也像倭仁一样，有意记载自己那些见不得人的事情和想法，诸如好色、易怒之类，同时进行深刻的自我反省和悔悟，规范自己的言行。

他还为自己定下日课十二条“一主敬、二静坐、三早起、四读书不二、五议史、六谨言、七养气、八保身、九日知其所亡、十月无忘其所能、十一作字、十二夜不出门”，并对照日课，认真履行。

一边三省吾身，一边刻苦进德，曾国藩正是在这样几十年如一日的努力中，成为了自己理想中的“圣贤”。